U0943507

早上3分钟，掌控有效会议管理

梁子宁／著

北京理工大学出版社
BEIJING INSTITUTE OF TECHNOLOGY PRESS

图书在版编目(CIP)数据

早上3分钟,掌控有效会议管理/梁子宁著.—北京:北京理工大学出版社,2011.6
ISBN 978-7-5640-4488-6

Ⅰ.①早… Ⅱ.①梁… Ⅲ.①会议-组织管理学 Ⅳ.①C931.47

中国版本图书馆CIP数据核字(2011)第080668号

出版发行/北京理工大学出版社
社　　址/北京市海淀区中关村南大街5号
邮　　编/100081
电　　话/(010)68914775(办公室) 68944990(批销中心) 68911084(读者服务部)
网　　址/http://www.bitpress.com.cn
经　　销/全国各地新华书店
排　　版/北京精彩世纪印刷科技有限公司
印　　刷/保定市中画美凯印刷有限公司
开　　本/710毫米×1000毫米　1/16
印　　张/11.5
字　　数/120千字
版　　次/2011年6月第1版　2011年6月第1次印刷
定　　价/22.00元

责任校对/周瑞红
责任印制/边心超

前言

会议是现代企业管理中经常采用的一种团队沟通方式，如果利用得好，会极大地提高企业的管理效率，可经常发生的情况是，有的企业领导整天疲于应付各种会议，淹没于文山会海中，到头来没有解决的问题仍然一大堆，会议的效率十分低下，造成了极大的资源浪费。

会议管理看似简单，但要真正把它做好，却是会议管理者和一些行政办公人员比较头疼的事情。业界流行一句话，叫做："会而议，议而决，决而行，行而彻。"这句话读起来朗朗上口，简明扼要，还有一些企业将之张贴在会议室一隅，但是要真正将会议管理做好，绝非一件容易的事。在实际工作中，要么是会而不议，要么是议而不决，或者决而不行。凡此种种，皆存业界。

如何进行有效的会议管理，让会议所花的时间和成本真正"物有所值"，甚至"物超所值"？这是比较多地困扰会议负责人的问题。

本书结合作者的专业工作经验，围绕实际会议工作中所涉及的关键环节，从会议效率、会议准备、与会者要求以及会议主持等方面及其相互关系切入，向大家展示一个完整的会议管理流程需要注意的种种问题与要点，同时附有相关的案例进行分析，期望能对我们广大会议主持人或会议负责人提供一些有价值的参考。

希望借助本书的指导，能帮助大家把纯粹浪费时间的会议转变成富有成效的会议，通过有效地会议筹备，使会议一直朝着预定的方向发展，确保会上所作的决策得以成功实施。

本书因时间关系，成书仓促，未免有纰漏。但所写下来的都是实际的经验和工具，是来自工作中的大实话，希望广大读者就如何有效地进行会议管理进行交流，以求共同进步。

作　者

2011 年 3 月

目录 CONTENTS

第一章 从会议的效率开始 /1

评估会议价值 /3
明确会议目的 /7
做会议终结者 /11
学会为会议归类 /13
优先选择非正式会议 /17
尽量压缩正式会议 /21
办好商务会议 /24
会议的要素 /28
关注革新的方式 /32
不要离题的控制 /36
关注会后的落实 /39

第二章 会议准备 /43

目标倒推 /45
确定角色 /49
设计议程 /54

选择地点 /58
邀请参会 /65
布置会场与安排座位 /69
人员分工 /79
准备用品 /82
会前检查 /85
提前演练 /88

第三章 与会者要求 /91

积极准备 /93
参与讨论 /97
外表形象与肢体语言 /101
精准表达 /104
认真倾听 /108
会议记录及整理 /111
评估与总结 /115

第四章 主持会议 /119

了解职责 /121
会场信号识别 /126
控制会议节奏 /129
会议掌控 /132
维持秩序 /137
推进决议流程 /140
结束会议 /143
主持能力自测 /147

附录一 通用会议工具 /149

鱼骨图 /151

思维导图 /158

Office Visio /161

附录二 实操案例 /165

××公司会议效果评估 /167

三星会议的三原则 /168

××公司2011年春季新产品发布会 /170

后记 /176

第一章

从会议的效率开始

我们的会议为什么总是冗长而低效？会前的美好期望总是变成会后的疲乏和失落，一切都因不成功的会议而起，但除了开会，事情似乎没有其他的解决办法。那么，就让我们从会议的效率开始，看看到底是什么问题，使会议变得让人产生厌恶和畏惧。

评估会议价值

会议是一种信息传递、交流、创造的活动，是一个集思广益的渠道。通过会议可以使不同的人、不同的想法会聚一堂，相互碰撞，“擦出智慧的火花”，从而产生新的思想和观念，达成新的共识。许多高水准的创意就是开会期间不同观念相互碰撞的产物。人们在会议中听人发言、参与讨论，从而获得一些对自己有用的信息，不仅增加了见识、启迪了智慧，对自己的学习、工作、生活等方面都有所助益。

然而，当我们开始评估一个会议的价值时，矛盾总是伴随而来。一方面，有的会不得不开：管理层要安排一天的工作，员工反映工作中遇到的问题，公司接到了一个大项目，需要紧急安排，一年的工作需要总结，最近团队出现的问题需要提出并解决……大家都明白，不开会，这些问题永远解决不了。

然而，另一番景象又让我们对会议望而却步：领导在上面滔滔不绝，员工在底下昏昏欲睡，以安排工作为主的周会往往成为各部门抱怨公司流程的发泄场，话题从员工出勤聊到了企业战略，直到结束才把话题转到生产调度的主题上来，会上通过了十二项决议，但半年后发现一项也没实行，同样的讨论在接下来的会议中继续上演……

大多数经理人员对花费在开会上的时间之多感到有压力。究竟有多少会议能真正解决问题？作为管理者，你必须全面的思考这件事是不是有必要开会解决，不能随便地把“还是开个会商量一下吧”这种极度口头禅似的话挂在嘴边。而对那些由别人组织、需要你出席的会议，同样需要仔细甄别参与的必要性。根据以往的经验，绝大多数会议并没有出席的必要。然而在现实中，拒绝参加会议需要极大的勇气和决心，简单的一个“不”字，却几乎难倒了所有人。

当需要不需要开会成了一种压力，立场与见地没有形成真正的动力，相反怨气却不断积累，成为一种负面的信息或氛围的时候，你就不得不先花3分钟，来评估会议的价值。如果你考虑过会议真正的代价，你安排和出席的会议就会少得多。

一、关于成本

即便你做好了心理准备，但在了解开会究竟占用了我们多少时间后，你仍会感到吃惊。任何会议最大的成本通常是与会者的时间——从阅读议程，准备材料，到出席会议。如果与会者还需长途旅行，这个时间也必须计算在内。最后还有“机会成本”，即这些与会者若不出席会议，他们能做些什么，为他们的公司创造多少价值？召集会议之前，必须考虑所有这些成本。

研究群体协作的专家迈克尔·多伊尔和大卫·斯特劳斯曾合写过一本《开会的革命》。按照书中所言：如果你是一个普通职员，你一生中用以开会的时间，保守估计也有9000小时（即连轴转逾一年!）以上；如果你是一个中层管理者，每周可能有大约35%的时间用于开会；如果你是高层管理者，更可能超过50%。从财务数字来讲，大多数组织“直接”花在开会上的费用，占行政预算的7%～15%，还不包括以会议为名义的其他开销。

在西方国家有个流传多年的“伍德法”，即会议成员的年薪总额加薪水总额的25%～40%作为其他费用，再将费用换算到每一分钟，以一年 260 个工作日，每天工作 8 小时，全年就是 124800 分钟来计算。

会议总费用 =（会议参加人员的年薪总额 A + 40% A）÷ 124800 分钟 × 会议时长（精确到分钟）

即使不按“伍德法”来算，就我们的日常所见而言，一小时的会议，如果参与者是十个人，那么这场会议的时间成本起码是十小时，还不包括下发通知、会场准备、会后清理等琐碎工作所耗费的时间。这样一来，我们的每一个会议的成本都是惊人的。

二、关于效率

将某一次会议通过的具体事件进行列表，并考核其具体落实情况，即可得出其工作效率情况。当然，在评估的时候，要把重复讨论的部分标出来，有的问题可能从两年前的会议起就已经开始讨论，而且一直没有间断，直到近期才真正落实和改善，其成本也不应只计算一次会议。

三、回到最初的假设

回到最初的假设，就很容易检验会议是否已经偏离目标。给一个会议过高的期望值与附加值，最终会毁掉一个会议。弗塞斯在《开好会议》一书中提出：“我想斗胆倡导和建议禁止任何与诸如‘每周’这样的字眼有关的例会。”他要根据业务的旺季和淡季来调节例会的密度：为了应付旺季繁多的工作事项，增加召开例会的次数，而淡季就适当降低开会的密度。总之，开会是为了真正地解决问题，而不是为了完成任务、走形式，因此“费力而不讨好”的会议应该尽量避免。

四、决定接下来的会议

规模再小的会议也应该是策划先行，详细的方案策划是每次会议的前提条件。会议的管理正是从立项开始就策划先行的。在一个完整的策划案中，会议是否有开的必要，就是第一项要考虑的内容。只有不得不开的会议，才有必要进入下一个流程，我们可以通过以下特征来辨别会议是否有开的必要：

（1）需要团队成员就某个问题提出他们的建议；

（2）需要集思广益来解决一个仅通过一对一的交流无法解决的问题；

（3）需要与整个团队一起分享信息，解决困难；

（4）需要团队成员参与决策；

（5）需要明确由谁来对所出现的问题、所造成的麻烦或者所涉及的领域负责；

（6）已经具备开会的各种条件，如关键人物能确定出席，而且组织者、主持人都有足够的时间来做会前的准备。

如今，会议已经成为现代企业管理沟通的一个重要方式，很多高层领导在会议上花费了大部分的时间，会议效率的高低也将直接起到影响企业管理的效果，然而会议的效果总是不尽如人意。调查研究显示，70%的会议是无效会议，会议中70%的时间是无效时间。正确的会议应该是：交流信息、解决问题和做出决策。而失败会议的目的被歪曲为：开会只是例行公事；开会成为领导或是部门负责人展示权威的手段；开会成为领导的脱口秀，等等。会议的低效直接导致管理的低效，因此，我们必须重视会议管理，就从明确会议目的做起。

明确会议目的

举行一个会议，无论其规模大小，类型如何，第一步需要做的就是明确会议的目的和定位。因为目的为会议的主旨和会议的类型提供了一个良好的前提。会议的目的是会议各项工作的指挥棒，是会议日程安排和内容的基础。正确评估而且时刻牢记会议的目的，这对于与会者是非常重要的。

然而，在日常的会议举行中，会议目的不明确往往是会议未起到应有作用的最主要起因。对会议目的理解的一大误区，就是简单地将会议主题和会议目的画等号。会议主题往往是高度概括的内容，而会议目的是具体的人、事、物，组织者、主持人和与会者必须预先明了确切目的，才能使会议取得成功。这包含以下两点：

（1）从一开始就要明确会议目的。

（2）如果不开会也能解决问题，就取消会议。

为了更清楚地表达什么才是会议目的，建议用以下的词汇来思考一个即将举行的会议：定义、标准和量化指标。

定义：为会议的主要元素限定范围，比如什么人参会？讨论一些什么事情？要达到什么样的结果？这是一个基本的定义过程。

标准：对会议中使用的数量单位进行统一，去掉关于程度的模糊用词。比如讨论中涉及的时间，是年就都讨论年，是月的都统一到月。

量化指标：达成几条什么程度的共识？通过几个协议？完成多少任务的分配？解决多少个存在的问题？这些都是可以量化的指标，必须成为会议目的的重要组成部分。

这里我们很容易犯的错误，就是希望多给一个会议增加内容，觉得只讨论一个小问题不够，太浪费人力。于是，各种类似"增进交流""促进发展"的空话套话也出现在我们的脑中，表现在文档和通知上。

下面就让我们用3分钟，理清会议目的的主要组成部分。

一、评估组织目的和个人目的

无论你主持会议或者只是出席会议，首先应事先考虑会议规定的目标以及你的个人目标。例如，你可能对会议程序上的某些项目特别感兴趣，你要想清楚你愿意接受什么样的结果，然后开始做相应的准备。其次需要考虑的问题是，你能否减少花费在会议上的时间。如果你不需要参加整个会议并已决定只出席其中的一部分，则只参加这一部分，并预先通知会议组织者。

二、针对具体议题，拟出每一项的量化指标

大多数会议的目的属于下列几种之一。要预先决定所要召开会议的目的属于其中的哪一种，并确保全体与会者明了。比如：

- 透露信息或提供意见——指标为多少人，哪几方面信息或意见；
- 发布指示——指标为向多少人发布哪几条指示，是否需要回复等；
- 提出申诉和仲裁——指标为向哪些人提出哪几项申诉或仲裁；
- 做出决定或贯彻决定——指标为被贯彻者需要提交怎样的

回馈等；

• 激发创意——指标为人均或总共需要多少个什么样的创意；

• 提出建议，进行讨论，并做出最终决定——指标为几个议题？什么方式？决定权和决定的标准，等等。

三、自我提问

• 每个人都明确开会的目的吗？

• 是否需要每个人都出席整个会议？

• 是否有比开会更好的解决办法？

• 是否有一些通常不出席你会议的人，但可能会在这一次会议上提出有益的意见？

• 使用各种视觉辅助手段是否有利于会议？

• 对于大家习以为常的例行会议，也应当每隔一段时间检查一下，看看这些会议是否仍符合一个实用目的而不是浪费时间。

• 如果会议没有如期举行，会有什么后果？

四、认真考虑细节

如果你已决定一个会议的主题，就可以开始考虑其他细节。想一下这个会议要开多长，分配给每个问题的时间是多少。注意留点时间用于委派任务，也留点时间给会间休息及会议总结。一定要确保有必要的、权威性的与会者能够出席。如果他们不能来，那就重新安排一个更合适的时间。

五、强调目的

确保会议主持人在会议开始的时候就要概述会议的目的和目标，以使全体与会者在整个会议期间都能牢记不忘。会议要讨论什么，以及要达到什么结果，已经明确地在备忘录中做了描述，而会议组织者只需要让每一位与会者清楚地记着会议的目标，以及在讨论过程中时刻围绕目标进行讨论。设计环节，或者让主持人提前演练，在每一个议题讨论结束时，提醒与会者必须做出的决议以及需传递的信息。如果他们偏离了会议目的，马上提醒他们注意分配给每个问题的讨论时间。许多会议失败就是因为没有明确的会议目标，或者在讨论中偏离了主题。这要求会议组织者时刻将跑题的人员拉回到会议讨论的主题上，也要求与会者清醒地记住会议的目标。如果开会跑题的问题比较严重，则在会议一开始，就将会议目标写在白板的醒目位置，并郑重提醒与会者牢记会议目标。

此外，会议目标应该是尽可能具体的表述，而非模棱两可的陈述。如果必要，可以在会前向与会者详细解释会议目标的内容。如果与会人员不明白目标的准确指向，就自然会发生跑题的现象。

做会议终结者

开会无疑是我们最为痛恨的打扰工作的方式之一。不管我们曾经怀有多大的期望，一旦进入开会状态，就像进入一场噩梦。而且这样的会议往往具有自我繁殖功能，一次失败的会议总能引出下一次，以及再下一次的会议，并生生不息……

前文已经提到，不管从哪个角度来考虑，会议的真实成本都令人咋舌。因为一场20个人参加的1小时的会议，相当于浪费了整个组织的20个小时，耗费了单位20小时的生产力，这样的代价未免过高。所以，会议终结者的出现，是问题发生后最快的解决方式，也是大家都愿意看到的方式。

终结者随时随地都要充当救世者的角色，如果一场会议只需要花5分钟就能达到目的，那就只花5分钟开会好了，不要把5分钟硬撑到一个小时。如果一个问题只要两三个人相互协商就能解决，那就果断地打电话或找个安静的角落协商，不必任其发展成为一个公司的大会。

会议进行中，几乎所有人都在期待一个会议终结者的出现，但是面子或惯性思维又紧紧束缚着自己。怎么办？大胆地将意见表达出来。只要对整体效率有利，都不会受到批评或惩罚。而且，这样的挺身而出，应该得到欣赏和重视。那么，让我们勇敢地做会议终结者，坚持以下几条简单的原则，使会议在走向消极的方向时将其扭转态势或使之中止，让会议变得更有效率吧：

会议表现	终结者表现
问题刚出现的时候……	不要去会议室，就在出现问题的地点开会，直面现实，提出切合实际的改进建议
会议开始充斥着纸上谈兵和抽象的概念……	果断指出，强调会议目的
会议中能够传达的信息量少之又少……	提议结束会议
跑题，迷失方向……	强调会议目的，并从明确的问题开始讨论
会议要求人们做好充分准备，但大多数人根本没时间准备这些……	结束会议，直至确定参会人员都做好准备为止
会上制定的日程常常模棱两可，根本就没有人真正了解目标是什么……	结束会议，组织者自我检讨问题出现的原因
会议中不出大家所料，总会出现那么一个低能人士的发言，大家的时间都被浪费在他的不知所云中……	友好但果断地打断其发言
为数不少的参会人员一言未发……	暂停会议，建议无关人员离场返回工作岗位，并在下次会议前精简与会人员
议题讨论结束，但还是有一部分人意犹未尽，极力表现……	以明确的解决方案结束会议，并安排好由谁负责实施
会议超时！	放一个闹钟，当闹钟响起时，会议结束。宣布散会

有的企业通过运用“站立”来对抗会议的拖拉，所有参会者都要一直站着，这样的情况下，大家都“被迫”成为会议终结者，于是成就了一场真正高效的会议。

学会为会议归类

不同的会议类型结合相应的会议目的，将更有效地提高会议效率。因此在你开始安排会议和通知与会者之前，要先决定哪种类型的会议最能达到你的目的。

首先，仔细地思考你需要举行会议的类型。

其次，使会议规模尽可能小些，尽量避免分散注意力。

最后，给要开的会议归类。

提到会议的类型，现代会议的专家给出了很多建议：

（1）会议按其规模大小来分类，分为特大型会议、大型会议、中型会议、小型会议四种。

（2）会议按进行阶段来分类，则有预备会议与正式会议。

（3）按会议所要完成的任务来分类，有告知性的会议、建设性的会议、执行性的会议、立法性的会议四类。

（4）按会议的实质性内容来分，则有政策性研究会议和决策性会议。

（5）按会议议题的综合程度分类，则有综合性会议、专业性会议、专题性会议、一事一议的会议、咨询性会议五类。

（6）按参加会议人员范围分类，则有本单位（组织）会议、本系统会议、本地区会议、全国性会议、国际性会议等类型。

（7）按会议定期与否来分类，则有例行会议（定期会议）与非常会议（不定期会议）两种类型。

（8）按会议会场的数目来分，则有单会场会议与双会场会议、多会场会议三种。

……

在高效运行的组织里，以及以下给的建议里，会议的分类绝不会像教科书般复杂，本书只教你以下简单的三步。

第一步，知道大体的会议种类

“大体”的意思就是简单地按正式与非正式、规模、形式来划分，常规的类型参考下表：

常见会议内容	正式或非正式	规模/人	形式
例行工作会议	非正式	4~20	圆桌讨论/网络、电话会议
专题性会议	非正式	4~50	会议厅/电视会议
联席性会议	正式	30~200	会议厅
布置性会议或总结性会议	非正式	6~50	会议厅/电视、电话会议
座谈会	正式/非正式	15~30	圆桌讨论
各级各类代表大会与代表会议	正式	30~1000	剧院式讲坛
研讨会	非正式	10~30	圆桌讨论/电视会议
群众大会	正式/非正式	30~1000	剧院式讲坛/电视会议
学术论坛	正式	100~1000	剧院式讲坛

除以上提到的会议类型外，还有以下几种新型和新颖的会议类型。

- 玻璃鱼缸式会议。

这是一种非常独特的讨论会议类型。通常由6~8名与会者在台上或房间中心围成一圈，圈子中间留有一个空座。其他与会者只能作为观众坐在周围旁听，不能发言，只有那些坐在圈子里的人才可以发言。如果有观众想发言，他必须走到圈子里，坐在中间的那个空座上，发言完毕再回到原座位。玻璃鱼缸式会议通常有主持人参加，他可以参加“玻璃鱼缸”的讨论，也可以只负责维持会议按正常程序进行。

● 头脑风暴会议。

大多数人都听过头脑风暴会议这个词，但是还没有能够有效地利用这种会议形式。头脑风暴的形式可以很有乐趣而且很有效果，但是对主持人也有较高的要求，他要在会议上有效地确保参会人员遵守3条基本准则：一是在会议开始之前做好准备，想出尽可能多的办法；二是在会议进行过程中，不断追问其他人的想法，进行自由地联想，并思考出其他新的想法；三是不要批评或是评论其他任何的建议或想法，要等到所有的想法都说完之后再进行评论。

● 辩论会。

辩论会是指两个人或两个团体就某一问题展开辩论，一方为正方，另一方为反方。辩论会有很多好处，它着眼于问题的正反两面，可以向观众展示不同的观点和看法。辩论会通常会带来观念或过程的进步，因为辩论过程可以暴露不少问题。

● 角色扮演。

一般人可能不会想到开会时使用角色扮演这一会议形式。不过，根据讨论话题的不同，角色扮演有时会将问题诠释得更好。

第二步，为所准备的会议选择类型

一旦你已经决定召开一次会议，下一步就需要考虑一系列的因素，例如会议的紧迫性，即是否必须立即召开？谁参加？你想从会议中得到什么？牢记这些问题和你的主要目标，然后选择最合适的会议类型，并确定会议规模。

会议目的会影响其理想的规模。大会或小会都有其优缺点：大群人可提出各种意见，但是这些成员可能会分成派系；小群人一起行动可能会更有效，但是思路比较狭窄。通常的会议有6~9人参加。这样的规模既容易控制，也可以激起辩论。

第三步，根据类型确定基本要素

时间：能够让参会人员充分准备并且都能保证出席的时间；

地点：能够容纳计划参会人数并提供会议形式所需设备、服务的会议场所；

人物：组织者、主持人以及参会人员的确定和通知；

事情：为会议目的列出清单并发给所有参会人员。

会议的类型多种多样。不同的会议其内容与功能也大相径庭。选择不同的会议方式要根据会议的目的或目标而定。

优先选择非正式会议

非正式会议应当成为我们日常会议的主要选择，因为其有多种不同的形式，并且灵活、容易把控，更利于节省时间。非正式会议更容易形成讨论会的氛围，无论是偶然进行的，还是按例行的时间召集起来的，都为参会者提供了简单解决问题的机会。

一场小型的非正式会议将最有效地解决工作中的常规问题，也是工作布置和总结的最佳方式。策划小型非正式会议是为了通过讨论来解决问题，提供反馈。虽说是小型非正式会议，但是除临时会议外，都应该有较充分的准备时间。而且，即使是只有两三个人参加的小型非正式会议，也要注意会议的目的和时间控制。

以下几个关键点，将让你 3 分钟学会安排一场小型非正式会议。

一、以解决问题为唯一目的

此类会议不一定在正式的会议室举行，应当本着快速解决问题的原则，最快召集相关人员，就近开会解决。比如，通过在走廊里的交谈，就能立刻解决问题。

二、布置会场环境

尽管性质比较随意，非正式会议的成功仍然要得益于精心挑选的环境，如果与会者感觉不舒服，或者要他们在开放式的办公室环境里讨论一项保密事宜，那么就很难进行富有成效的讨论。

三、临时会议的注意事项

临时或立即召集的会议，称为“临时会议”。这些临时会议对于坦诚地讨论问题以及不受大量其他人员的影响而迅速地做出决定是很理想的。一般不宜多人参加，3～4 名直接相关人员参与即可。要解决的问题也不宜过多过大，讨论实际操作层面的一些小问题即可。

在同事之间，临时会议倾向于以非正式的语言风格和轻松的身体语言为特征。建立一种非正式的气氛，有助于你在会议中理解其他人的反应。作为召集人或主持人，请注意参会者的面部表情，因为在相对放松的状态下，如果走神，他们的面部表情会真实地表现出来。一旦与会者分神，就要果断采取措施，要么散会，要么将与会者的注意力吸引进来。

四、目光激励

如果你在领导一次讨论，你可以尝试多运用大量鼓励性的目光接触，来帮助你保持对会议的控制。

五、运用头脑风暴

小型的头脑风暴会议是分享创意的良好论坛。如果你正在主持一个头脑风暴会议，安排专人记下与会者提出的想法，这种书面记录常常能够启发出其他建议。

利用非正式的头脑风暴会议来产生新的想法，或者引发灵活的创意，用于解决问题。由一小群各具特长的人参与的头脑风暴会议是最为有效的，所以要鼓励每个人轮流发言，并避免在会议中评论或批评任何想法，因为这会妨碍与会者提出建议。至于可行性，可以留待会后再判断。

重要提示：高层管理者在场可能会妨碍讨论，如有必要邀请高层出席，应提前与其进行会议目的及其角色的沟通。

案例分析

A广告公司召开项目提案会议，参会人员一共有6个人，其中包括一名新加入的成员，会议由创意总监助理小刘组织并主持。会议确定后，小刘就提前2天通知，通过电话单独沟通确定时间，并以书面方式确认信息——以短信的形式传达给每一个参会人员，同时反复修订和背诵会议日程。

但会议当天，还是出了很多状况：

(1) 现场的结果还是有2个人迟到；

(2) 前台提前准备的茶水成了大家走神的中心点；

(3) 话题还是很快扩散开，半天没回到议题和目的上来；

(4) 因为参会人员的发言不断被其他人打断，会议逐渐成了一场关于文化立场的争论，最后小刘不得已采取了投票的方法，以在规定时间内将提案的主要内容确定下来。

针对以上问题，请写出你的原因分析及解决办法：

____

____

____

____

分析提示：

(1) 如何避免与会人员迟到，比如提前约定迟到的惩罚措施等；

(2) 茶水的摆放位置是否得当；

(3) 会议目的是否还不够明确，请参考本章明确会议目的的部分；

（4）会议议程安排不清晰，议程安排可参考本书后面的内容；

（5）提案会议为体现创造力的会议，是否没有采用头脑风暴的形式，或者并未控制好头脑风暴的效果；

（6）小刘是否完全承担起主持人的角色，而不是被吸引到一方的观点中，成为彻底的参会者。

（7）会议结束时，应就上述问题提出建设性的意见，为下次同类会议进行形式、纪律的约定。

（8）提前与新成员进行交流，使其提前对会议内容有更深的了解。

尽量压缩正式会议

如非必要，应当尽量减少正式会议的数量。有的会议如年度全体会议、股东大会等，就要采用正式会议的形式。正式会议适用于以下几种常见的会议：

一、董事会

会议由公司的董事们参加——董事会通常由董事组成。有些国家的法律规定董事会必须共同行使权力。

- 董事会通常定期召开会议，讨论公司事务。会议通常在董事会的会议室举行——这是一个设有一张大桌子的正式场合。
- 董事会会议由董事会主席主持，他是根据公司章程被选举出来的。在大会上，通常就一个主题作几个报告。有些大会对公众开放，有些只限某些人参加，如公司雇员。
- 这类会议适用于大量人员在短时期内交流信息。
- 虽然有时发言人会留有“回答提问”这一段时间，但鉴于大会的规模，讨论和听众参与是很有限的。

二、常务委员会

常务委员会是公司董事会下属的一个小组，它是对经常性的事情负责的组织。

- 常务委员会定期召开会议来履行公司董事会授权给它的任务。

• 公司董事会可以授权常务委员会代为采取行动。

• 常务委员会要先向外公布会议计划。

三、外部会议

外部会议包括某个组织内的一群人和组织外的另一群人，例如来访的行业工会谈判代表。

• 在外部会议上，保守机密是一个重要问题。与会者应仔细思考哪些信息必须保密；为了达到目的，哪些信息可以在会上披露。

• 外部会议可以在中立地点进行。

四、专门委员会会议

公司董事会可以建立一个专门委员会，研究一个需要特别注意的问题。与整个董事会相比，这个小组会更加频繁地召开会议。

• 必要时，专门委员会可以开会讨论专业性特别强的特殊问题，或详细分析复杂问题。

• 许多公司董事会发现难以在一个月内召开一次以上的会议，而专门委员会却可以定期召开会议，而且只涉及必要的人员。

五、年会

年会一年一次，常常是规定的，召集公司董事与股东讨论过去一年的事务和未来的计划。

• 年会允许股东向公司董事提问，并要求他们对公司的业绩做出解释。

• 董事们利用这个机会寻求年度决算的批准，重新任命审计师，并讨论未来的计划和策略。

六、公众会议

公众会议对任何人都开放。这种讨论的形式可被地方政府或私人活动小组所采用，用来与公众讨论各类事项，或为公司所采用，以讨论未来的发展。所有的成员被邀请出席公众会议。通常事先在当地社交中心、公共图书馆及地方报纸或杂志上通告。公众会议的议程通常只有一项供讨论的主要议题。

管理正式会议的规则可能是复杂的，并且随国家和组织的不同而异。规则能决定会前必须发出的通知的数量，与会者的权利，表决工作应当遵循的程序。如果你参加一个正式会议，应事先了解应当遵循的一些规则。

正式会议是需要全体委员会参加的会议，这类会议将提供全面的会议和报告服务。这些服务包括为所有讨论提供摘要记录；此外在谈判机构每次会议期间或会后，将以正式语言用会议文件的形式提供局面提案汇编。除根据议事规则规定召开的秘密会议之外，这些会议均对所有代表团和所有正式认可的观察员开放。它们将侧重于每个工作小组将要解决的所有问题，随着谈判的进展，这些会议将逐步形成并递交达成一致意见的文本，供其正式通过。

办好商务会议

商务会议是带有商业性质的会议形式，主要指与公司外部单位合作交流的正式会议，一般包括：新产品宣传推广会、大型的培训沟通会议、上市公司年会、招股说明会、跨国公司年会、行业峰会、企业庆典、新闻发布会、巡回展示会、答谢宴会、商业论坛、项目说明会等。办好商务会议的重点在策划和流程管理，以及协调与承办会场的工作配合。

3 分钟，4 个环节搞定商务会议。

第一个环节——会议立项

1. 确定会议的主要目的

商务会议的主要目的应该是以下其中之一或是几个的组合，但最多不能超过三个。

- 展示企业形象，宣传企业的实力、市场地位、发展前景等。
- 公司市场营销变革（渠道管理模式变化、市场销售政策变化、服务模式变化、销售组织变革、品牌变化等）。
- 招商合作（和更多的代理商签订合作合同）。
- 培训（企业内部管理、市场开发及管理知识与技能等）。

……

2. 根据会议目的创意设计出会议的主题思想（以下为举例）

- 协同发展，共创辉煌——招商合作。

- 变革的力量或新“赢”销——市场营销变革。
- 技术创新是市场的加速器——新产品、新技术。

……

3. 选择确定会议相关要素

时间、地点、拟邀人员、公司参与人员等。会议立项工作最好能提前3个月以上进行，并在会前1~2个月确定最终方案，以便后续的会议分工和准备及工作的有序开展。会议立项工作中，会议主题思想、部分现场需要的展示文件、道具等的应用设计等，属于创意性的工作，因此最好能广开言路，集思广益，通过“头脑风暴”等方式找到最佳方案。

第二个环节——会议分工与准备

流程管理无非管好人、事、物，虽然商务会议工作内容看起来很庞杂，实际上做好清单和表格，工作起来就非常简单：

（1）将会议分解成若干个项目或任务事项（具体任务要求、完成时间等）。

（2）会务项目及具体事项分工（负责人、成员、责任人、检查人员等）。

（3）根据分工要求确定相关方案、文件及物料清单。

（4）根据项目编制会议项目进度表。

（5）明确会议内部沟通协调机制（例会、协调会等）。

（6）明确会议的考核奖惩机制。

各项工作不能只设完成责任人，还需要设检查人员，通过交叉互检可以发现和避免一些失误。

另外，各工作完成责任人对所负责的工作项目应该有一些工作经验，最好能了解一些这方面的专业知识。例如，负责会场布置的人应该对空间布置、空间视觉等方面的知识有所了解。设计背景幕墙、条幅的人应该了解该品牌以及设计等专业知识。

第三个环节——协调与承办方的工作

1. 实地考察

根据需要安排工作人员进行实地考察，对会议酒店、会议场地、接待流程、其他事项等进行考察商榷，对方案中的不完善部分进行补充和调整，确认彼此的分工。

2. 合作确认

双方对方案和流程彼此都无疑义，按照约定签订合作协议，以书面的形式确认双方的责任、权利和义务。

3. 会场的布局，设备安装调试

提前与承办方协商会场的布局，细致周到地设计好所有的细节；明确承办方可提供的服务和帮助，对有需要而未能提供的设备和服务，要提前协商或找其他替代方法。

4. 印刷材料的设计制作

这是最容易出现问题的环节，需要安排专门的工作人员进行跟踪和对接，并将其完成时间尽量提前，留出充足的时间以备意外情况的解决。

5. 参会者的接送

根据参加会议者的具体情况以及人数多少安排相应的车辆。专车将会提前在指定位置等待参会人员，把参会人员迅速、安全地送到会场或下榻酒店。

6. 参会者的餐饮

根据参会人员的喜好，提前确定餐会形式，如西餐、中餐、自助餐、宴会，等等。

第四个环节——会后总结

商务会议的总结非常重要。会议组织者应当在一个月内对会议的策划、组织及执行情况进行自我总结，分析会议参与过程中的体会与得失，吸取教训，积累经验；各工作责任人以及其小组成员首先进行自我总结，再由责任检查人员对所检查的工作项目进行总结，总结会议需形成会议文字纪要。

会议总结发言不能长篇大论或只停留在表面现象，要细致具体到每一个操作环节，从细微之处发现问题并找到问题的根源。根据会议总结情况，对会议所用到的文件、方案进行改进整理，并形成文字固定下来，以便企业在今后使用。

会议的要素

在会议组织者的脑中，应对会议的要素有个全面的了解。以下列举的是可能会被忽略或误解的会议要素。

一、流程

我们通常只说议程而忽略流程，或者把议程等同为流程。实际上流程包含议程。流程是指从会议组织到准备再到执行的整个过程，而会议议程只是会议流程的部分环节。

二、议程

会议议程是一种重要的会议文书，它是会议议事的程序，或者说是会议所要讨论的诸多事项的顺序安排。会议议程一般都是事先印制好的，在会议代表报到时即发放，以便出席会议人员事先酝酿好，正式开会时能提出自己的见解，提高会议议事成效。

会议议程多用于大中型会议，因为大中型会议的议题多，有了会议议程既方便出席会议的人员，又方便会议主持人按议程来主持会议。

议程中各议题的顺序对会议的时间安排会产生重大影响。勿将易引起争论的议题放在会议的开始，因为与会者会花太多时间讨论它，难以进入下一议题。应从惯常的、直截了当的事项开始，使与会者容易做出决定。这么做能给会议带来一种成就感，以及迅速进行下去的动力。鼓励大家只参加会议中与自己有关的部分。

三、组织者

小型会议的组织者就是发起会议的部门或个人，大型会议往往又分为主办方、承办方。

四、与会者

与会者就是参加会议的正式成员，包括会议主持人，也包括会议秘书，但不包括在会场上的其他服务人员。会议议事主体有时可以为与会者、与会人员、会议代表、出席人员等。

会议组织者和领导者在确定参加会议的人员时，应做到：该参加的一个不少，不该参加的一个不多。该参加会议的人不到会，会影响会议议事的成效；不该参加会议的人参加了会议，既浪费参会者的时间与精力，又会增加会议成本。

五、主持人

主持人是会议过程中的主持者和引导者，也往往是会议的组织者和召集者，对会议的正常开展和取得预期的效果起着领导和保证作用。会议主持人通常由有经验、有能力、懂行的人，或是有相当地位、威望的人担任。一般有以下两种情况：

一种是当然主持人，是由其职务和地位，也就是由组织的章程或法规决定的。

另一种是临时主持人，如各种代表会议，或几个单位、几个地区的联席会议，则由代表们选举或协商产生。特别重大的会议，则需产生相应人数的主席团，由主席团成员集体或轮流主持会议。

六、记录人

会议记录人很容易被忽略，或者随意指定。这应该是个相对固定的角色，因为其承担着会议决议的记录和汇总的重任。如果没有完整、清晰的汇总，会议的召开就失去了意义，会后的落实也会失去依据。

七、时空与环境

会议时空环境由会议时间、会议地点与会场设施3部分构成。

在什么时间、什么地点举办会议，要考虑多种因素，但首先是需要，也就是会议目的。如每周一次的工作例会，通常放在周五的下午，一周即将结束，下一周就要开始，利于承上启下。一年一度的职工代表会议，宜于年初召开，既利于总结上年的工作，又利于讨论、部署新一年的工作。

其次是可能性，即最好是每位与会者都能参加的时间。如日本的有些企业召开各部门干部汇报会，常定在下班前半小时，而不是安排在刚上班时。

地点的选择也得考虑多种因素。国际性或全国性会议，要考虑政治、经济、文化等大因素；专业性会议，应选择富有专业特征的城乡地区召开，以便结合现场考察。小型的、经常性的会议就安排在单位的会议室。选择会址，还要考虑会场设施、交通条件、安全保卫、气候与环境条件等因素。

会场设施也是影响会议效果的重要因素，不要让昏暗的灯光或刺耳的音响毁了一场会议。

八、会议结果

会议结果是会议目的的实现情况，是会议议题选择与会议议程安排、会议组织方式、会议组织管理人员的努力与会议时空环境等因素综合作用的产物，它是衡量会议活动成效的唯一标准。

由于会议活动受到诸多因素的影响，因此会议结果可能与会议预期的目的、目标一致（会议效果好），也可能部分一致（会议有一定的成效），有的甚至同最初的会议目的、目标完全背道而驰（会议无成效甚至出现负面影响）。会议结果通常用会议文书（文件）作为载体记录下来，它可以归档保存，也可以公布、传达等。

我们大都经历过只为开会而开会的情景，其一大表现就是有会无果，会开完后，结果无人落实，更无人评估，这就是因为没把结果看成会议必不可少的组成部分。

关注革新的方式

“一份辞藻华丽的电子邮件可以算得上是一件艺术品”。当电子邮件在商务、远程会议方面发挥作用时，越来越多的会议方式跟随着科技的发展来到我们身边。特别是近年来，计算机和通讯技术的快速发展，使面对面的会议数量大大减少。合理利用这些高科技工具，不仅可以减少出席会议的时间，还能利用其提供的各种自动化功能给会议带来更多体验，以及更便捷的执行系统。

需要注意的是，信息的便捷给信息管理带来了更大的压力，对信息要有选择性地吸取，避免信息超载。

从今天的会议起，从最容易操作的小型会议开始，尝试各种新方式，改进现有会议的状况。首先，让我们花 3 分钟来认识这些革新的方式。

一、主要类型

1. 视频会议

现在，利用实时音频和视频连接的视频会议是一种被广泛应用的、对用户友好程度正在提高的开会方法。假如你那里已经具备这种技术，你可以利用这类会议——像电话会议——联络在世界各地的人。视频会议的优点是能显示身体语言和面部表情，这常常是有效沟通的关键因素。

即使是传统的会议，如果关键与会者无法如期出席，也可以将传统的和新的方法结合起来，为你所用，让无法来会议现场的代表通过视频设备出席会议。

注意事项：

（1）组织和举行视频会议时，考虑世界各地的时差。

（2）通过设定一个时间限制来优化在线会议。

（3）当你在电话会议中发表讲话时，不断重复你的姓名。

2. 电子邮件

电子邮件（E-mail）可使你以很快的速度与频率通过因特网发送和接收书面信息。这相当于另一种形式的会议延续几天甚至几星期，因为与会者聚在一个“虚拟的”会议地点评论当前的议题和问题，或者讨论一些事情。在组织之内，电子邮件能使来自不同部门和不同地点的大量雇员代表参加讨论，而不会遇到真实会议中的麻烦和花费。然而非必要的信息会快速地积累。尽量保持全部信息简短扼要——这将有助于限制“会议”的议程。

3. 网络会议

通过网络的即时通讯工具，进行多人同时在线的会议。

除了专门的网络会议软件外，新的大众社交网络服务现在也逐步被用于商业世界，从而为企业带来巨大的利益。比如腾讯公司的QQ、网易公司的泡泡、阿里巴巴公司的旺旺、MSN等。但是在企业内部，有很多人对工作中使用社交网络的做法提出了质疑。有调查显示，只有十分之一的公司允许员工全天候随意访问社交网络，有很多单位都对QQ等聊天工具进行封锁。企业高管最大的担忧是，社交网络将导致不作为。他们认为，员工会通过这些网站与好友聊天，而不是从事与工作相关的事情。

但这些担忧并不能阻止社交网络在现代企业会议中的应用，相应地，各种管理措施也被用于对员工社交网络及聊天工具的使用管理。

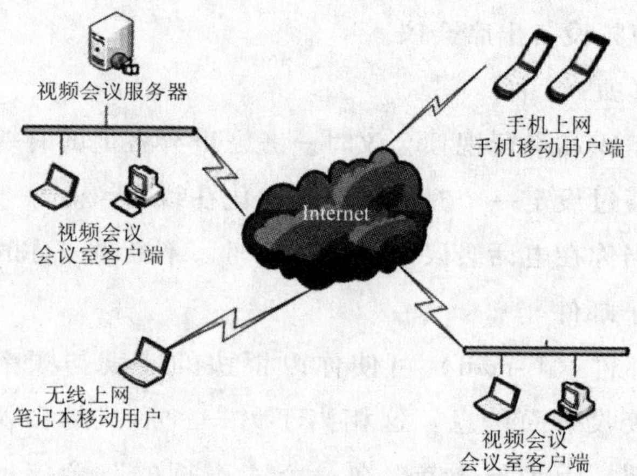

现代会议技术的综合应用图例

4. 无纸化会议的趋势

以上的革新会议方式现在都有一个绿色环保的名称——无纸化会议。无纸化会议系统便是把以上各种方式按会议目的和需要进行组合。无纸化会议更强调了安全保密、使用便捷、功能强大的理念，现有的主流系统已具备以下基本功能。

（1）会议主持功能。会议主持人或会议秘书可以通过该功能掌控会议进度和发言人权限，并可及时调整是否会议录音、录屏、信息交流和发布会议公告等。

（2）后台管理功能。强大的后台管理功能，可以设置编排会议概况、参会人员及座位、会议文件、阅读权限和会议投票等内容，使你的会议策划设计更加科学方便高效。

（3）签到功能。参会人员就座后，电脑进入会议系统，系统将自动统计本次会议的到会人数、缺席人数，自动存档备查。

（4）会议议程显示功能。会议议程选项中将显示本次会议的标题、时间、流程（包括每个流程包含的会议文件）等信息。

（5）会议文件手写批注功能。会议文件除供参会人员浏览之外，还可以进行批注修改，参会者可根据需要，在工具栏中选择手写输入文字等工具在文件上进行批注，并支持保存批注修改过的文件。

（6）现场同步录制功能。实现每位参会人员与发言人的桌面同步共享。参会人员可根据需要对发言人所讲的内容进行录制，即可以录制会议全过程。

（7）会议记录功能。替代参加会议时需要携带的记录本，可以在会议记录上进行手写或打字，并保存会议记录。

（8）共享白板功能。替代会议室的白板，每位参会人员可同时在共享白板上进行书写，开展讨论，共享白板将会同时显示在每位参会人员的桌面上。

（9）个人资料功能。除提交会议供所有人浏览的会议文件外，参会人员还可以通过 U 盘将事先准备好的个人资料添加至“个人资料”中，以备发言时引用。个人资料支持 Excel、PPT、Word 等文件格式，发言时可自由选择是否与其他参会人员共享。

（10）会议投票功能。会议投票功能将实现参会人员在线投票表决，支持单选或多选，会议投票结果自动统计、实时显示、快速完成。

（11）会议存档功能。参会者可选择本次会议的所有文件资料（包括文字资料、声音资料、个人批注文件、个人会议记录等）类型进行下载保存，会议结束后，资料保存在本地或 U 盘中，携带方便，还可以通过电子邮件发送到个人的邮箱中。如为保密会议，则本次会议的所有资料不允许保存，会议结束后自动删除。

不要离题的控制

会议离题是最常见的会议问题。其产生的主要原因有两个：一是与会者对会议目标或讨论主题不清楚；二是与会者过度关心某些问题，或基于某些迫切的需要而在无意中离题。

会议总会在不知不觉中离题，因为问题很突出，或者冲突很强烈，又或者总是会有人在言语中偏离方向。最终，会议不能达到目的。这时，会议可能迷失了方向，不管什么原因，会议终归是离题了。现在，请在本节花3分钟，掌握控制会议不离题的有效方式：

第1分钟，检查会前的准备工作

• 传阅一份清晰的议程。提前辨认出那些可能试图抢夺会议控制权的与会者，并估计他们的论点。找出那些与你有同样观点的人，并鼓励他们支持你的论点。

• 尽可能将议题细化：讨论什么议题、达成什么结果、实施方案、完成时间等都要有明确的设定；通过议程设计，把议题清晰地引向你设计的方案中。胜利源于准备。组织者要尽可能在会前两三天，哪怕是前一天通知大家会上要讨论的内容，让大家可以作一个较充分的预习和准备，这样必定能使效率倍增。

• 确定参加者。让许多与议题无关的人参会，只会让会议效率变得更低。非相关人士在不明情况下发言，其意见的参考价值会大大减弱，甚至会误导相关人的看法。事实上，对于那些非相关人士，不如干脆不要浪费他们的时间。或者，对于有必要让更多人了解的决议，可以由主管进行会后通报，或用简报的形式去通报亦可。

• 设立会议“停车场”。提前准备一块白板，当会议当中出现离题的想法时，立即将离题想法记在白板上，上面列出可以在更恰当的时间探讨（或不需探讨）的想法和主意，让原定会议议程继续。

第 2 分钟，梳理会议可能出现问题的解决办法

• 会议超时。打印出议程，特别是时间表，做到准时开始会议，准时结束会议。

• 会议未能按议程进行。严格并认真地按照议程进行会议，最好每人都有清晰明确的议程表，而且要对“突发情况”坚决说“不”，任何突发情况，都不能挑战议程的权威，即使某一次会议的议程有问题，也要照此执行，因为破坏规则的后果是最严重的。

• 如果主持会议，尽可能让更多的人提出问题和回答，避免某一个或几个人重复或展开相同的问题，一旦有人提出相同的问题或回答，果断打断（当然态度都要礼貌且友好）。

• 假设核心人物的发言。在任何团体和活动中，都会有核心人物，盯紧他们的表现和言论，随时引导和纠正他们的讨论方向。

• 与会者发言离题。果断提醒他们。

• 有的与会者好为人师，他们会喋喋不休，不仅消耗时间，还会让不如他们伶牙俐齿的与会者失去发言机会。会议主持人有必要礼貌地打断他们，以缩短冗长的个人独白。

• 保证与会者充分了解已经做出的决定。

• 不要让气氛淹没实质。有人在发言中，说了句笑话，接下来的发言者，可能一不自觉就引申到了其他内容上。

• 当议程上最后一项进行时，与会者可能会在底下相互交谈，提出一些小问题。如果你主持会议，让每个人有秩序地获得发言机会。

第3分钟，做一张提醒便签或小卡片

不管是主持人还是普通参会人员，都应尽力避免会议跑题。所以，一张提醒便签或卡片会起到关键的作用。便签的内容应包含以下几点重要信息：

• 议题；

• 主持人；

• 组织者；

• 核心人物；

• 需要发表意见的关键人物。

便签或卡片的页眉或页脚处可以写上“不要离题、角色分明、避免重复、严守议程”。

当会议上出现与卡片信息不符的表现时，及时提出。比如，讨论内容开始与议题无关，或者是核心人物充当主持人的角色，又或者是这些角色没有出现，都会导致会议离题，影响会议的效率和结果。

关注会后的落实

没有落实的会议毫无意义。会后的落实既是会议效率的保证，又是会议给予团队成员信心的重要部分，没有落实，会议将失去号召力和凝聚力。本节的 3 分钟，将告诉你确保会后落实的三大步骤。

第一步，会上总结和记录

会议结束前的总结是确保会后落实的第一步。总结一定要避免陈词滥调，主持人在会议结束前，一定要对会议讨论的结果进行总结，对会议目的里包含的每项任务的责任人、工作要点、完成时间等信息进行复述和明确。这不仅能让与会者再次明确自己的责任，还具有很强的提醒功能。

一份完整、简洁而明晰的会议纪要必不可少。会议纪要为目标达成、责任人、注意事项、完成时间等重要信息提供了复查的依据。会议纪要不得有模糊字眼，比如“基本上同意”“大致通过”“尽力完成”等词语。

第二步，会后文件资料的收集

有些会议虽然有会议纪要，但没有跟进会议决定是否被执行的相关办法和措施，这样导致了会议“决而不行”，使会议没有发挥应有的效果。解决这一问题的有效办法是，安排专人跟进会议决定的落实和执行情况并及时公布，将会议决定的落实和执行结果作为对相关责任人考评的指标之一，并且由专人负责会议文件的整理、发放相关人员和归档。

1. 会议文件资料的要求和内容

（1）确定会议文件资料的收集范围。一般包含会前准备并分发的文件、会议期间产生的文件、会后产生的文件等；

（2）收集会议文件资料要及时，确保文件资料在与会人员离会前全部收集齐全；

（3）选择收集文件资料的渠道，运用收集文件资料的不同方式方法；

（4）收集会议文件要履行严格的登记手续；

（5）收集整理过程中要注意保密。

2. 会议文件资料收集整理的工作程序

（1）将收集的文件资料进行登记，时间允许的话对每一份文件都进行编号；

（2）对文件进行甄别、整理、分类，去掉无必要保留的文件；

（3）对筛选出来的文件进行排列，并进行编号、编目；

（4）填写文件查询表；

（5）移交给档案室或电子信息库管理部门；

（6）清理、销毁不再利用的纸张。

3. 会议文件的立卷归档（视单位要求选择电子归档或纸质材料归档）

（1）保持会议文件之间的历史联系，便于查找利用；

（2）保持历史的真实面貌，反映工作的客观进程；

（3）保护会议文件的完整与安全，便于保存和保管；

（4）保证会议秘书工作的联系性，为档案工作奠定基础。

第三步，传达、跟踪落实会议决议

首先，根据会议目的进行会议决议的传达。决议传达落实是实现会议决策目标的最主要环节，也是衡量下级组织得力与否的主要标志。一个完整的传达包括传达和反馈两个过程，而人们通常忽略了反馈，导致传达不到位。

1. 传达工作要点

（1）传达的事项必须完整、准确；

（2）传达工作必须及时，原则上会后半个工作日内完成所有传达工作，如无意外情况且得到组织者的同意，不得超过会议当日进行传达。

（3）传达工作实施中，除了基本会议信息的告知外，还有一些需要传达人员发挥主动能力的工作内容，比如工作的动员、任务分解及讲解等，应视会议目的和被传达者的特点进行传达人员的挑选。

2. 反馈工作要点

（1）基本信息的完整反馈。比如任务完成时间、负责人等；

（2）关键点和重点环节的理解反馈，比如工作中难点内容的解决思路等。

其次，要有专人负责决议的跟踪落实。跟踪落实工作虽然简单，但也需要注意以下关键点：

1. 专人负责

专人指由同一个人贯穿整个监督过程，避免中间换人，更要避免无法担任实际落实的人负责；负责即要求相关人员担起责任，如落实的人未能按时完成任务，监督者也要承担相应责任，这一点也应在会上明确，成为会议纪要的一部分存档。

2. 奖惩措施

要确保会议决议的落实，相应的奖惩措施也必不可少。一般采取的措施有：挂钩绩效、未完成的处罚措施等，监督者要承担起奖惩提醒的任务。

一个有效和高效的会议，需要会议负责人和与会者共同的努力。从会议前期的准备到会议的召开再到会议决议的落实，我们都需要采取有效的措施来加以保障。

第二章

会议准备

会议的准备工作是一切会议成功的基础。会议前的准备不仅是时间地点和用品的准备，还包括各个流程、环节的规划，并形成表格固定下来，最好还要进行演练。会议准备的关键在于理清思路，设计过程和结果，然后按部就班地进行。

目标倒推

结果是设计出来的，会议目的和目标的明确就是结果所要求的第一步，围绕目的和目标，反过来对会议提要求，提出会议的议程和注意事项，再倒推会议需要准备的内容，这是最为高效而且实用的思维方式。

围绕会议的目标，我们就能清晰地看到各个环节对会前准备工作提出的要求。

一、会议召集人的清晰化

首先，由会议目标倒推需要什么样的人做会议的召集人。会议的召集人往往是会议的组织者和领导者，虽然有的时候会议没有明确的召集人或主持人，但这个角色还是存在的，这时候召集人往往是公司组织内的行政领导人，甚至是公司内的意见领袖。而最终选择哪个级别、哪个人担任召集人，则要遵循高效、有效的原则。比如，一个产品改进的会议，如果只需要销售部门提问题，市场部负责解决，则无须举办全公司大会，只需要直接联系的员工、销售部门负责人和市场部门负责人出席即可，没必要邀请公司高层出席。

二、会议召开的背景环境

在会议召集前，作为组织的负责人或组织内的中坚人员，应该明白什么样的情况才适合开会。常见的开会背景如下：

（1）必须利用开会这种集思广益的形式来解决当前遇到的问题；

（2）法律要求必须召开的时候，例如《公司法》中关于持股比例不足；

（3）一部分人提出要求，而管理者无法独力解决的时候。例如员工要求增加福利；

（4）某个问题的解决需要涉及多个部门的协商以及协作；

（5）遇突发事件，需要紧急处理，否则将面临巨大损失。例如突然接到竞争对手将要对公司进行恶意收购。

除了以上几点，在决定会议是否召开之前，还需要确定你是否能向组织内的人员明白而又清晰的说明和澄清某些情况。如果你的准备不充分，那就暂时不要开会，因为资料准备不足的话，在会上你会因为无法说清楚问题而遭到彻底的否定。

三、参会人员的确定

会议有大有小，参会人员的职位有高有低，这也要视目标而定。过高或过低的人出席，不仅浪费相关人员的时间，还会给会议的效果带来负面影响。根据目标，倒推哪些人需要参会。

如果公司规模比较小，又不涉及商业秘密，会员可以包括全体公司员工；如果涉及商业秘密，则需要设定身份限制。

不要随意提高会议的规格，并不是有越高级别的人员参加就越好，有时，高层的到会反倒会起反作用。普遍错误的观念认为开会没有总经理就不像个会，结果总经理那天没来，因为有一个客人；下次总经理又没有来，因为他要到外地去；再下次总经理又没有来，因为他出国了；最后那个月末会他又没有来，因为他生病在家……即使其按时出席了，但他的意见一出，其他参会人员大概就不敢表达不同的意见了。

四、会议立项

明确了会议目标和本节上列的三点之后，就可以为会议立项了。会议立项包含以下内容：

（1）确定会议的主要目的；

（2）根据会议目的创意设计出会议的主题思想；

（3）确定会议相关要素，比如时间、地点、拟邀人员、公司参与人员等；

（4）任命召集人、主持人，或者成立组织委员会；

（5）会议议程安排；

（6）费用预算。

小测试：会议准备的自我检查

在召开会议之前，作为组织的领导者应该详尽的考虑会议的目的、成员、进行状况等问题，请你思考一下，下面的《会议准备检查表》中缺少什么应该思考的项目。

□（1）组织的现状如何?

□（2）组织需要改善的地方在哪里?

□（3）改善方案都有哪些?

□（4）以前进行的改革方案效果如何?

□（5）是否有前例，其他公司如何解决?

□（6）会议召开所需的人员有多少?

□（7）会议在哪里进行?

□（8）会议的参加人员都有谁?

□（9）会议参会人员如何来去?

□（10）会议召开所需费用有多少?

□（11）附注资料。

参考答案

缺少的项目很多，但比较重要的有如下几项：

（1）会议的主要解决问题是什么？

（2）会议讨论后提出的解决方案由谁执行，从什么时间执行，执行的效果谁来监督？

（3）会议所需要的时间。

确定角色

会议的目的与形式，为所有参会人员都设定了角色。角色的存在，明确了每个人的权利和义务，以角色来观察会议和人员构成，能快速判断会议的问题出在哪里。就像一出戏剧，每个人都要扮演剧中的角色，参会人员也要充分扮演其会中的角色。

角色一：参会人员

通常，参会的人太多就不知道谁可以听，谁可以不用听，最后的结果是，大家都不讲话了。其实开会要分两种人：第一种是必须参加的人，这种人一定要发言；第二种是非必要参加的人，这种人可以自由选择参加还是不参加，并给组织人员回复。

在发通知的时候，一般也应注明哪些人员是必须参加的，哪些人员随意参加即可。

角色二：召集人

召集人是会议组织的执行者，负责会议通知、工作人员安排、会务工作统筹管理等工作。召集人可以是管理者，也可以是员工当中的骨干，需要具备较强的组织、协调能力和执行力。

角色三：主持人

很多公司的会议都由管理层主持，比如公司会议由总经理主持，部门会议由部门经理主持，这给会议的顺利进行带来了很大的障碍。作为组织的管理者，在会上应该多听少讲，更要避免成为主持人。

主持人是维持会议秩序的人，并不是讨论的主要发言者，真正在讨论上作主要发言的我们称为引导者。所以，最高层的管理者在会议中的重要工作，就是冷静思考其他人的发言，而不是将自己的意见完全传播出去。

角色四：观察者

总经理或者与会者中的最高层管理者应担负此角色。其主要任务就是坐在主持人旁边观察，必要的时候，对与会者提出的问题进行简要回答，对组织发展的战略、规划以及文化等信息作简单讲解。大部分的时间里，观察者都要保持沉默，除非会场发生事情，大家争执不下才插话，即使插话也尽量简洁，目的只为把会议推回正轨。

角色五：引导者

引导者是自控能力好的主要发言者。这一角色视实际会议需求和参会人员构成而定，一般由管理者、召集人提前安排。引导者的职责是通过自己的发言，一方面引导其他人发言；另一方面配合主持人调整会议的讨论方向，避免离题。需要注意的是，这一角色不可只顾自己发言，如果会场气氛活跃，大家踊跃发言，这时就要尽少说话。

角色六：总结者

这个角色通常由观察者或者主持人承担。作为公司高级管理人员，即使对会议结果早有答案，也不可在会议未结束时总结出来。因为既然是开会，就是为了把大家的智慧集中起来，未到最后一刻，都无法断定最终的结果。总结者的职责是在会议预定的结束时间之前，将会议议题的各方观点以及结论简单回顾，并发布决议和任务。把所有大话套话都扔掉吧，合格的总结者是通过最少的语言进行准确表达的人。

角色七：记录者

就会议控制而言，会议记录的地位可说是仅次于主席，担任此项工作的人应出于自愿（即自愿为大家服务），再由主席正式任命。其职责不仅要记录谁讲了什么话，也要将大家同意的观点记录下来，好的会议记录者可增加议事效率，不好的记录者往往记错他人意见，不仅徒增误会，还浪费时间。

遴选好的会议记录者，除了要观察他是否具备倾听、互动、发表意见的能力，且要确定他有良好的组织、综合、比较异同的能力。在会议过程中会议记录者有义务适时帮助与会者系统地陈述及遵照议程进行讨论。要求专心倾听，并把每一个人的发言用最简洁最适当的语言记录下来。记录者最好提前对会议议题及参会人员有充分了解，避免出现不知发言人姓名或者对发言理解偏差的情况。当然，更重要的是，记录者切不可过于投入会议讨论，而忽略了自己的角色。

避免让组织能力及倾听能力差的人担任会议记录。另外，由于会议记录工作的重要性仅次于主席，可由具有担任主席潜力的与会者负责此工作，培养其领导会议的能力。

角色八：追踪者

这是一个踏实而且执行力强的角色。当大家都快乐地散会而去，甚至可能在联欢或者在外面唱 KTV 的时候，追踪者的工作才刚开始，及时的整理决议以及发布任务，追踪者对会议的成果起到非常关键的作用。有的公司习惯让记录者承担这一角色，但由于记录者通常职位不高，在任务发布以及后续的监督工作上都会遇到困难。所以，追踪者的职位不能太低，而且对各个部门的工作流程都有适当了解。

以上八种角色中，召集人、主持人、记录者和追踪者为必不可少的四种角色，其他的角色视会议需要而定。确定了各个角色的人选后，选择恰当的人出席就会容易得多。分两步即可完成剩下的工作。

第一步，选择与会者

如何筛选出恰当的与会者名单？较好的方法是让讨论议题明确化后，再决定与会者。如此一来，即可将原来耗费众多人力、物力的会议，精简成较小型的会议。只要小型会议管理得当，开会的时间不仅会比原来少，也可以减少会后的抱怨。

决定与会者资格时所应考虑的要项：

（1）跟讨论题目有直接关联的人。

（2）可提供无法从他处取得的资讯，使讨论能更有效率的进行。

（3）发言具有代表性，能为其团体负责。

当你考虑邀请谁时，可能某些人是当然的出席对象。例如，如果讨论一个贷款项目，你应当邀请有权同意贷款数额的人参加。另一些人可以提供专门的技巧或建议。

尽量多邀请那些有良好沟通技巧的人参加会议。他们能够帮助小组卓有成效地工作，并达到预定的目标。若某些与会者只需参加会议的某一部分，应告诉他们有关事项的开始和结束时间，这样可以节约这些与会者的时间，并使会议易于控制。

提前确定每一个被邀请者都有时间出席，因为他们能提出各自特殊的意见，否则会议就不能充分利用与会者们的时间。

第二步，评估与会者

普通与会者也有其不同的参会价值和责任。常见的与会者作用如下：

（1）提供信息。邀请公司某一部门成员，例如生产或销售部门成员，为公司其他人员提供有关他们部门的进展情况。

（2）提供意见。某些人因为正在参与某一特定事件，或者因为有经验，因而有资格向其他成员提供有用的意见。

（3）提供特殊的专长。具有特殊技能的专家，或者来自公司内部，或者来自公司之外，他们的出席都可能促进讨论。

（4）授权行动。尤其是财务方面的决定。如签署或谈判一个新的合同，可能要求一位财务主管在场授权这个行动。

当你列出了与会者的初步名单时，依次确认每个人可能做出的贡献。比如：

（1）他们是否有可供分享的信息？例如，一位销售经理报告客户的反应。

（2）他们能否提供特殊的意见或信息？例如，一位生产经理。

（3）他们的专业身份是否有用？例如，处理合同争议的律师。

（4）他们能否实施已获得同意的行动？例如，在一个预算会议上的一位财务主管。

有了对与会者的充分考虑，接下来，就可以把这些数据和资料交给主持人了，让主持人提前了解和准备并无坏处。

设计议程

会议议程是为完成议题而做出的会议顺序计划，是会议全程各项活动和与会者安排个人时间的依据。会议议程提出讨论的问题或项目的清单，应当简洁、一目了然。

议程包括会议日期、时间、地点和目的等细节。议程中关于会议的主要目的应尽量明确，合理分配给每一项议题的时间，并排列出优先次序。

通过了解会议议程和日程，与会者可以更好地了解会议所要讨论的问题，清楚会议顺序计划，即获得有效信息。

需要额外注意的是，没有人会介意提早结束会议，但是会议超过预定时间是令人不快的。

根据以下内容的讲解，用 3 分钟学会如何设计高效的会议议程。

一、明确目标和参加者

表达清楚为什么要开会以及哪些人将到会。这一环节工作包含以下几点：

（1）明确目标。通过会议要取得什么样的成果（比如更深入地了解、获取更多的信息，或是达成某种共识）。

（2）在会议议程上陈述目标。要让参加者知道会议预期的成果是什么以及对他们的参加有哪些期待（如提出想法、缩小意见的范围或者做出决策）。

（3）列出会议参加者。会议议程还应该包括所有参加会议的人和任何可能涉及的责任人员，这样参加者才能准确地知道哪些人将到会，这对与会者明确各自将承担什么职责有帮助。

（4）不要邀请与会议无关的人员参会。邀请与会议无关的人参加会议，是一种极大的浪费，也是毫无意义的做法。我们经常看到一些会议，整个会议过程中有些人一言不发，其实这些一言不发的人，大部分是与会议无关的人。因此，作为会议负责人或会议主持人，一定要事先确定好哪些人需要且必须参加会议，一些参加也可不参加也可的人员，尽量不要邀请他们与会。

二、确定每一项议程

对议程上的每一项内容，参加者应清楚了解如下内容：

（1）目标。每一项议程的目标是什么？“为什么让大家进行讨论”以及“如何做出决策”。

（2）准备。与会者应该做哪些具体的准备？他们应该阅读、检查或者思考什么东西？组织者期望他们做出什么具体贡献？组织者应该让他们知道你的期望是什么——比如“针对某条建议提出三个看法”等。

（3）发言人。谁负责对每一项决定议程进行解释或是主持每项议程的讨论？是否由组织者亲自主持整个会议？是否安排几个不同的发言者？

我们知道，目标太多，就等于没有目标。因为目标太多就无法抓住工作的重点，会议也是如此。每次会议，会议的议题不宜安排过多，一般一到两个议题为宜，尽量不要超过三个议题。如果议题太多，大家讨论时的注意力则很可能会分散（因为每个人所重点关心的议题可能会不同），这样就会影响结论的达成速度，从而影响到会议效率；另外，议题过多，势必导致会议时间拉长，而过长的会议会让与会者感到疲倦，从而也影响到会议效率。

三、安排各议程事项的时间

撰写会议议程时，尽量按逻辑排列主题，并把类似的议题放在一起。这样可以避免同一领域谈了一遍又一遍的情况出现。同时，考虑会议的时间长短以及内容的顺序。与一般的会议将重点问题留到最后讨论不同，建议把最重要的问题放在开始讨论，因为这时与会者最有精神。当然，这样做还可以避免与会者迟到。编排议程请遵循以下原则：

（1）按照议案的轻重缓急编排处理的先后次序。这样做的好处是就算在预定的会议时间内无法将全部议案处理完毕，但较紧要的议案已被处理。那些不太紧要的议案则可另择时间，或并入下次会议再予处理。

（2）会议时间超过两小时或者涉及的问题太多，会议效率都会下降。我们知道，一个成年人能聚精会神投入工作的时长大约是两小时。因此，我们举行会议时，会议的时间也不应该安排过长（实际上这也与安排的会议议题多少有关），会议的时长一般需要计划和控制在半小时到两小时之间。会议时间太短不利于大家充分沟通并达成最佳结论，会议时间太长则会让与会者“身心疲惫”从而影响会议效率。如果议程要求的时间很长，那么可以安排一系列的短时间会议。

（3）每一个议案应预估所需要的处理时间并清楚地标示出来。会议就席可以让某些人只参与和他们有关的某些特定议案的讨论，某些人可晚到，也可以让某些人提早离开。

（4）敏感话题。与最重要的问题一样，尽量安排在开头，这样就可以留出足够的时间来处理它们。如果认为会议一开始就出现重大不一致将会使会议难以有效地进行下去，那么可以把这些敏感的话题保留到会议的最后。

四、决定会议讨论形式

针对每一项议程，根据需要及参会人员特点选择会议形式，常见的会议类型见本书第一章。比如，头脑风暴是一种有趣而且信息大量暴发的选择，适合策划、创意部门，或者某个问题长期缺乏有效的解决方法的时候。

当主要的问题解决后，通常可以采取小组会的形式，分开讨论个别问题。因为在一个更小的群体中，人们往往会更加自由和放心地进行讨论。在各小组讨论之后，每一个小组都要向全体到会者提供一份书面或者口头的总结，这些总结将成为团队讨论的基础。

讨论形式确定后，还需要决定相应的决策方式，以避免在会场上出现混乱。提前让参加者知道会上将以什么方式做出决策，比如是公开投票还是不记名投票等。

参考案例：

××公司新产品展示会议程

日期：××年××月××日			地点：××餐厅和公司会议厅
参加人员：销售主管和所有工作人员			目的：使员工对公司新产品有所了解
时间	地点	参加人员	会议内容
8：30	公司会议厅	所有员工	销售主管作介绍
9：00	公司会议厅	所有员工	
9：30	公司会议厅	所有员工	
10：00	公司会议厅	所有员工	
11：00	公司会议厅	所有员工	
12：00	员工餐厅	所有员工	自助午餐，休息
13：30	公司会议厅	所有员工	自由观看和动手操作新产品
14：30	公司会议厅	所有员工	销售部人员讲解广告宣传单
15：30	员工餐厅	所有员工	分小组讨论与咨询
16：30			散会

好了，一份简洁而又完美的会议议程设计好了，那接下来，想办法让会议按时开始吧。

选择地点

日常会议中，组织者常常被这样一些现象所困扰：会议室要么太大，要么太小，敞开的大门致使会议环境嘈杂不堪，又或者音响时不时发出刺耳的叫声——这些都是会议地点的选择出现了问题。

选择会议地点对于会议的成功是极为重要的，这不仅是舒适的问题，还要使与会者感觉到这个场所适合于这个会议。选择适合的会议场所，必须依据当地可提供的会议资源状况及该会议的程序、预计的与会人数、与会人员的背景情况，以及重要的会议目的、目标和与会者的偏好等因素综合考虑。

许多人在从事会议规划时，都以“方便”——主席的方便以及与会者的方便，作为选择开会地点的依据。这样做并不妥当，因为“方便”只是选择开会地点的诸种考虑之一。会议地点选择，要顾及很多方面的因素，比如场地必须有空档且可供使用；必须拥有包括桌椅在内的适当家具、充足的照明及通风设备；必须能免于声音、电话、访客等干扰，以防与会者分心；必须令主席及与会者大致方便；成本必须低廉等。许多管理者对会议地点的选择都有这样的共同认为：一般性的会议或是为时较短的会议，原则上应在与会者办公室附近召开，但是特别重要的会议或是为时较长的会议，则应选择在远离与会者办公室的地方召开。

一般来说，会议地点都会选择在公司所在地进行。但有的时候，会议召集者不得不到公共场所或家中开会，这个问题不大，不过公共场所也应选择比较僻静的地方。如果在家中开会，则应选择创业集团成员中出资最多、人缘最好、对每个人的到来比较方便的人的家中。但不管选什么地点，都最好采用对参会者来说比较方便或熟悉的地方，尤其是组织者、召集者熟悉的地方。

一、地点的选择

不同的会议地点和场所，需要考虑不同的因素：

第一种，你的办公室

优点：你的全部参考资料都在手边，可能使你的权威性得到加强。

缺点：可能会有电话干扰，或者有人打扰。

第二种，下级的办公室

优点：可能提高一位下级的地位和士气。

缺点：场地一般比较狭小，可能会使双方都感觉不适。

第三种，单位的公共会议室

优点：大小够用，无租金。

缺点：使用的时间可能受限制。

第四种，外面的会议室

优点：保证没有任何一方占地主优势，而且有利于保密。

缺点：价格可能较高，增加了会议成本，而且可能对大家来说并不熟悉。

第五种，外部的会议中心

优点：场地大小选择多，有专业的设备和服务。

缺点：旅途、时间和食宿花费很多。

需要注意的问题：

- 确定到场的人数，避免场地过大或过小。如果参加会议的人比预计的要多，房间不够大，人们会感到不舒服；如果出席人数比预计少得多，空荡荡的房间也会使人不自在。
- 会议地点或附近缺少必要的服务设施，如咖啡厅或银行。
- 椅子不舒适。

二、环境的评估

在任何会议中，物理因素起着重要的作用。不论什么场合，注意使与会者足够舒适以集中精力开会，但不要让他们舒服得想打瞌睡。检查并使外面噪声保持在最低水平，取暖和通风有益于工作，但不要过分。提前试用空调和通风设备。如果空调不合适，房间闷热会严重影响会议质量。

大饭店里的房间常有很好的空调但缺少自然光，而自然光对于维持一种活跃的气氛是重要的。

在选择酒店时，公司会议往往先考虑会议服务和设施，再考虑其他娱乐设施，交通的便利程度对于年会的召开也颇为重要，而培训会议还可能选择较偏僻、远离市区的酒店举行。某些会议还需要会场为其提供展览的地方，把会议厅和展览厅结合起来，大型会议厅附设小型会议室等。

三、关于会议地点选择的建议

（1）研究和开发会议需要有利于沉思默想、灵感涌现的环境（培训中心或其他宁静场所最为适合）；

（2）学会、年会的地点选择根据会员的意见来定（一般选在当前最受欢迎的城市，能提供会议服务的酒店）；

（3）举办培训活动的最佳环境是能提供专门工作人员和专门设施的成人教育场所（公司的专业培训中心或旅游胜地的培训点）；

（4）大的奖励、表彰型会议地点的装饰一定要有档次；

（5）对于交易会和新产品展示会，需要选择有展厅的场所，还要求到达会场及所在城市交通必须便利；

（6）交通便利。会场位置必须让领导和与会者方便前往。应选择在距领导和与会者的工作地点均较近的地方；

（7）会场的大小应与会议规模相符。一般来说，每人平均应有2～3m^2的活动空间比较适宜。同时应考虑会议时间的长短，时间长的会议场地不妨大些；

（8）场地要有良好的设备配置。桌椅家具、通风设备，照明设备、空调设备、音像设备要尽量安全。同时应该根据会议的需要检查有无需要租用的特殊设备，如演示板、电子白板、投影仪、计算机等。最好有窗帘，在放投影资料时才能看清楚，电源插座及白板、麦克风等要齐全；

（9）场地应不受外界干扰。尽量避开闹市区。会场内部也应具有良好的隔音设备，以保证会议能在安静的环境中顺利进行；

（10）场地租借的成本必须合理。

案例一：选择了错误的会议场所

随着公司的发展，会计部门与销售人员合作时产生了问题，所以会计经理在一个方便于销售部门的房间里召开会议，讨论一起工作的方法。

然而，房间太小，椅子不够，有些人得站着，挡住了别人的视线，致使他们不能看到经理正在翻动的图表。空调无效，窗也未开，所以室内闷热；一扇门开着，但这让办公室外面的噪声进入。财务经理被电话叫走，然后有几个人生气地走了。经理回来询问建议，但几乎没有什么响应，结果未获得实际的解决办法。

这个事例指出，尽管有完好的意图，却选择了一个不好的会议场所，实际上是损害而不是改善了两个部门之间的关系。在一个没有打扰且有足够空间容纳参加讨论的全部成员的中立处，两部门的聚会可能会获得更积极的结果。

案例二：提供完善的会议场所

一家广告公司安排会见一个潜在的客户，讨论一项宣传活动。这个客户的工作场所相当远，是一个小型的开放式办公室，所以广告公司建议利用一家邻近客户且有会议设备的饭店。

会前一周，广告公司的一名成员来饭店检查会议室，看到一套多媒体系统和一张大桌子。他要求把桌子搬走，并要求安置一套标准的视听设备，因为他知道自己公司的展示是使用这种设备来准备的。开会那天，广告公司的执行人员提早到来测试影响强度，并将座位安排成半圆形，调整了窗帘和空调，并定好了点心。会议进行得很顺利，广告公司赢得了这个新的客户。

正如这个事例所表明的，每件事均须预先组织，并有一个试运作过程，这样这个广告公司能预先排除潜在的问题，从而能集中在他的展示工作上。另外，这个广告公司做了一个明智的决定，拒绝了现代化硬件，而使用较老式的但更恰当的设备，于是达成了很好的效果。

四、其他注意事项

1. 广泛收集会议地点的信息

酒店、宾馆、会堂、礼堂、会议中心、公共图书馆以及学校都是召开会议的好地点，在网上找会议地点也很便利，也不失为一种好方法。

2. 提前对会议地点进行实地考察（见下表）

（1）检查考虑中的全部会议室或场地。不要认为任何两个房间都一样；要检查每个房间的物质条件，以发现不合适的照明或通风条件、不方便的休息室、妨碍安静的通道或出口、不恰当的场地分配及其他问题。如果怀疑一个房间是否能容纳会议要求的座位数字，就坚持试摆以核对容量。

（2）随意抽查一个单人房间、一个双人房间和一个套房的设备。特别要警惕所谓“二等”设备，因为有些旅馆把客人分为普通客人和参加会议的客人。检查家具、床铺的质量以及是否全面清洁的情况。

（3）检查登记，会议管理以及其他后勤所在地。要便于进来的客人寻找，便于到达所有的会议地点，并有加锁的储藏处。

（4）检查膳食供应。要求提供过去的各种菜单。在没有旅馆人员的陪同下，检查每一个餐厅的一般伙食。注意服务质量和员工态度。

（5）假如被指定的房间不在同一层楼，则须检查电梯的服务情况。参加者来往于各会议室是否会发生困难、造成延迟以及使会议停顿。

（6）确定来往于会场及社区之间交通及停车是否便利。

（7）会见能做决策的人，有利于以后解决可能出现的问题。

（8）要考虑是否以一个普通客人的身份不宣而至，以检查酒店对客人的接待情况。

（9）要考虑另外一两家酒店作为“备选”，以免因谈判失败而出现被动局面。

3. 及早提前预订

在计划开始时就预定地点，这样做有百利而无一弊。最好的开会地点要及早确定，最受欢迎的开会地点经常要提前五年预定。围绕可供使用的场地和设施设计方案，比物色完全适合于既定方案的设施要容易。

附：××公司培训会议会场考察信息登记表

考察人：　　　　　　　　考察日期：

类	项目	基本信息	备注
交通	到机场路线		
	到火车站路线		
	到市中心路线		
	其他班车及专用车情况		
消费	周边银行及线路		
	周边购物地点及线路		
	周边餐饮及娱乐设施		

续表

类	项目	基本信息	备注
格局	接待席设置		
	工作间及工作台设置		
	合影场地及附加设施		
	学员用餐地点及路线		
	学员休息场地及路线		
	员工用餐地点及方式		
	员工值班及休息地点		
设备	音响控制		
	灯光控制		
	投影仪		
	麦克风（含电池提供）		
	空调控制		
	白板及夹子		
	备用电源准备		
服务	茶水服务提供		
	电话叫早服务		
	茶点协助服务		
	纸笔提供		
	设备技术支持		
	迎宾及门旁服务		
布置	背景大小及形式		
	教学挂图大小及形式		
	竞赛规则大小及形工		
	摄像机摆放点		
	展架摆放		
	桌椅布局及提供		
其他			

邀请参会

组织会议最困难的部分之一是确定一个时间，以适合全体与会者。有时，确定会议时间的最简单的方法是把会议安排在由同一批与会者参加的另一个会议之后，否则电子邮件或电话要来来往往直到确定会议日期。如果有人不能按所提出的时间出席会议，在重新安排会议时间之前，考虑一下如果没有此人参加，会议是否仍可举行。通常，需要就会议的时间和地点做书面的确认。

注意事项：

- 必须明确通知与会者关于会议的日期、时间、地点和会议的目的；
- 与会者应当明白他们将对会议做出哪些贡献；
- 会前向全体与会者提供书面的背景材料；
- 会议场所必须有适当的设备，会场大小适宜。

在做出了召开会议的决定以后，应将有关会议的通知信息传递给与会者。

第一步，准备议程，并起草会议通知

会议通知内容的传递要尽可能详尽、明确。书面通知的内容一般应包括：会议名称、主办者、会议内容、参加对象、会议的时间与地点、其他事项、联络信息。

第二步，发布会议通知

通知的传递可以通过当面告知、打电话、发传真，以书面或电子邮件的形式进行。可以根据会议的性质、参加的范围、时间的缓急和保密要求选择适当的通知方式，必要时可以同时使用两种以上方法，以确保通知信息的有效性。

当通知书发送之后，会议的准备阶段就完成了，会议将进入第二个环节会议的召开阶段。

以上部分，主要讲述的是会议准备阶段的工作原则，也就是作为会议的召集者、领导者或参加者，必须明白的事情。

如果被邀请人的地位较高，可以使用高档的邀请函。

第三步，分发传递会议文件

有些会议文件要在会议召开之前发给与会者，有些则在会议召开时分发。但无论何时分发，都应尽量提前做好文件分发的准备工作，落实各项分发工作。

（1）准备。分发文件前可以按照与会人员名单，给每人准备一个文件袋，在文件袋上填上与会者的姓名，并注明“会议文件”字样。

（2）登记。分发重要文件一般要登记编号。文件编号通常印在文件首页的左上角处。字体字号应有别于文件正文。具有保密内容的文件应注明密级。

（3）附清退目录。一些征求意见稿或保密性文件，需要在会后退回的，分发时应附上一份文件清退目录或清退要求的说明。

（4）装封。对于需要提前发出的文件，首先，要认真检查核对，明确文件的发送对象，确保发送的文件准确无误。查文件份数，查有无附件，查有无多发、重发、漏发的单位或个人。其次，将文件装入文件袋，封上口。封口要牢固，以免文件信息在传递过程中滑出。最后，在封皮上仔细填写好收件人的姓名、地址与邮政编码。

(5) 发出。发出会议文件时，要根据会议的规模以及会议文件的性质，采用合适的传递方法，及时将文件分发给与会者，避免漏发。重要文件及保密文件分发时要履行签收手续，会议召开后临时分发的文件，秘书要做好记录。会议文件的分出方法如下：

①提前发出。对需提前发出的文件，应按照会议的时限要求与保密程度选择适当的文件传递方式及时发出。内容重要又须事先送达与会者的文件，可派专人递送或用传真、特快专递送达。

②签到时发出。较大规模的会议可在与会人员签到时由工作人员分发给与会人员；中小型规模的会议的主要文件及会务管理文件，如工作报告、议程、日程安排、作息时间表、会议须知等尽可能在与会者报到时分发。

③会中发出。领导讲话、会议快报、简报及其他会议资料，需要在会中分发。所发文件或资料，如属要收退的，应在文件的右上角写上收文人姓名，收文时要登记，为清退创造便利条件。

④现场发出。会议期间使用的文件大多数可以在会议现场发出。特别是人数较少的小型会议，会议的信息资料可以放置在会议室的桌面上，由与会人员直接拿取。

第四步，确认出席

这一步看似简单，但对会议能否如期成功举办起着至关重要的作用。确认与会者出席，通常采用两种方式：

(1) 制作出席信息回馈表，电话或当面确认每一名参会者，并在表上作记录。

（2）在外发的会议通知上设计参会回执，并设定专门的电话、邮箱及工位接收回执，对回执进行分类和登记。

布置会场与安排座位

一、会场的布置

会场是企业会议的主要活动场所。会场的选择和布置是会议服务工作中的重要环节。会场的安排是否科学、会场布置是否合理，将直接影响到会议的气氛、秩序和效率。会场的布置应与会议内容相协调，并符合会议的风格和气氛。不同的会议要求有不同的布置形式。如职场会场庄严隆重，庆典会场喜庆热烈，座谈会场和谐融洽，日常工作会场简单实用等。在会场的布置中还要讲究礼宾次序。下面我们就从以下几个方面谈一谈会场布置的几个要点：

1. 会场整体布局的要求

会场布置包括主席台设置、座位排列、会场内花卉陈设等许多方面，要保证会议的质量，会议的整体布局要做到：

（1）庄重、美观、舒适，体现出会议的主题和气氛，同时还要考虑会议的性质、规格、规模等因素。

（2）会场的整体格局要根据会议的性质和形式创造出和谐的氛围。

（3）大中型会议要保证一个绝对的中心，因此多采用半圆形，大小方形的形式，以突出主持人和发言人。大中型会场还要注意进、退场的方便。

（4）小型会场要注意集中和便捷。

2. 主席台的座次和场内座次

主席台是与会人员瞩目的地方，也是会场布置工作的重点。无论是否设置主席台，都要注意使会议主持人面向与会人员，避免同与会人员背向的现象。

（1）确定会场形式。会议的性质、规模决定了会场形式。企业会场的形式很多，目前，企业最常见的会场形式有十几种，如圆形、椭圆形、长方形、T 字形、三字形、马蹄形、六角形、八角形、回字形、倒山字形、而字形、半圆形、星点形、众星拱月形等。不同的会场形式取决于会议的内容、会场的大小和形状、会议的需要及与会人数的多少等因素。下面列举几个常见的形式供大家参考。

• 剧院式。适合听众较多的场合，一般设在礼堂、会堂、影剧院、体育馆等。这类会场在舞台或高出代表席的地方设主席台，并有一定的距离。各种代表大会和其他大型、特大型会议采用这种形式，显得隆重、热烈、庄严，主次分明。在会议厅内面向讲台摆放一排排座椅，中间留有较宽的过道。特点是在留有过道的情况下，最大程度地摆放座椅，在有限的空间里可以最大限度容纳人数，但参会者没有地方放资料，也没有桌子用来记笔记。

• 课堂式。一般设在中型会议室，也设主席台，但通常不高出代表席，距离也不大，大体上和教室摆法差不多。采用这种形式，显得紧凑、和谐、庄重。参会者可以有放置资料、记笔记和茶杯的桌子，桌与桌之间要保持适当距离，以便开会时方便座椅的搬动和与会者的走动。

• 圆桌式。适于小组讨论，就像一般企业会议室设有的固定会议桌，摆成椭圆和长方形，不设主席台。主持人坐在桌子的一头，便于使用白板或其他展示品。但坐在桌子另一头的人稍有不利。日常工作会议采用这种形式，方便讨论发言，显得民主、团结、融洽。布置一般较为随意，好处是参加者能彼此看得清楚。

● 围坐式。就像一群人围坐在一起，没有主席台，主次不明显。各种座谈会、茶话会、讨论会多采用此种形式。这种形式适于少量人员开会，利于彼此间的交流，给人一种轻松、亲切之感。如果对于一个12人的会来说，这种形式的座位布置需要一间最小为6m×9m的房间。会场设置便于注意力的集中。

● 马蹄式。将桌子连接着摆放成长方形，在长方形的前方开口（空出一个短边），这种形式一般需要三张或三张以上的桌子，椅子摆在桌子外围，通常开口处会摆放搁置投影仪的桌子，中间通常会放置绿色植物以作装饰，常用于学术研讨会等类型的会议。此种台型容纳人数较少，能体现民主与团结的气氛，这样不但便于与会者与主席之间的沟通，而且便于与会者之间的交流。对会议室空间有一定的要求。不设会议主持人的位置以营造比较轻松的氛围，多摆设几个麦克风以便自由发言。

● V字式。房间内将桌椅端正摆放或成“V”形摆放，按教室式布置房间，根据桌子的大小而有所不同。特点是可针对房间面积和观众人数在安排布置上有一定的灵活性，也往往是唯一实际可行的解决方法。这种斜向排列可以更清楚地看清主持人及展示品，如果坐成直行的与会者就不能彼此看得很清楚。

● 酒会式。以酒会式摆桌，只摆放供应酒水、饮料及餐点的桌子，不摆设椅子，以自由交流为主的一种会议摆桌形式，自由的活动空间可以让参会者自由交流，构筑轻松自由的氛围。

日常工作会议的会场布置形式多为中型会议的会场布置，

而大型会议一般在礼堂召开，形式是固定的。团拜会的会场布置成星点式、众星拱月式为好。不同的会场形式取决于会议的内容、会场的大小和形状、会议的需要及与会人数的多少等因素。

另外，主席台的布置要注意整体的和谐，如是工作会议，主席台的布置基调应为蓝、绿色；如是庆典、表彰性的会议，主席台的基调应为红、粉色。

（2）合理摆放桌椅。开会用的桌椅也有讲究，视不同会议的不同需要决定是否用桌椅，用什么样的桌椅。座椅有软椅、硬椅之分，软椅中又有沙发、扶手椅、一般软椅之别。本着既要开好会，又要考虑到与会人员身体需要的原则，不同类型的会议需要摆放不同的座椅。

（3）布置会议设备。

①音响布置：扩音设备、耳机、同声传译、麦克风等。

②声像布置：立体电视、激光、全息电影、组合录像、电脑控制的多镜头幻灯等。

③其他布置：温度、湿度、照明、通风、卫生设施、电源插座等。

二、场内区域划分

（1）会场座位区划的意义。一些中大型会议由于参加的人员多，会场的区域过大，使参会人员不易迅速找到座位，常常影响会议按时召开，降低了会议的效率。有些会议参会人员在会议中的角色不尽相同，例如表彰、发奖大会，一些代表是表彰对象，在会议中要上台领奖，为了有序和方便起见，一般都会事先划分有关区域，以便统一就座或有序地进、退场。

（2）场内座次区划的主要方法。根据会场的整体布局，划分出 A、B、C、D 等大区域。

按照场内座位排号分区，每个单位各占几排；或正式代表坐前，列席代表坐后。

为会议中受表彰、领奖的人员标出专门的区域。

三、座位安排

排列座次是会场布置的一项重要工作，座位编排与会议成效的高低具有密切的关系。企业大中型会议都需要排坐序，使与会人员有固定的座位，感到舒适方便，会场也显得整齐有序。

（1）一对一的会议。在一个一对一的会上，两人的座位安排可决定会议的格调，并影响讨论的进程。如果你正在主持会议，可通过适当安排座位来影响会议的正式程度。一对一会议有三种座位安排：支持性的、合作性的和面对面的。为了解与会对方对会议气氛的感受，可在桌子四周放四把椅子，在他到会前你先坐下，再看他坐在哪里。

- 支持性的：如果你希望是支持性的，可与另一个人在桌角两边就座，这有助于消除障碍且可进行目光接触。

- 合作性的：坐在另一个人旁边表示合作，这种安排提示观点的相似性。

- 面对面的：坐在桌子的对面，使自己与另一人保持距离，这个位置能使不一致的观点表达得更自在一些。

示意图如下：

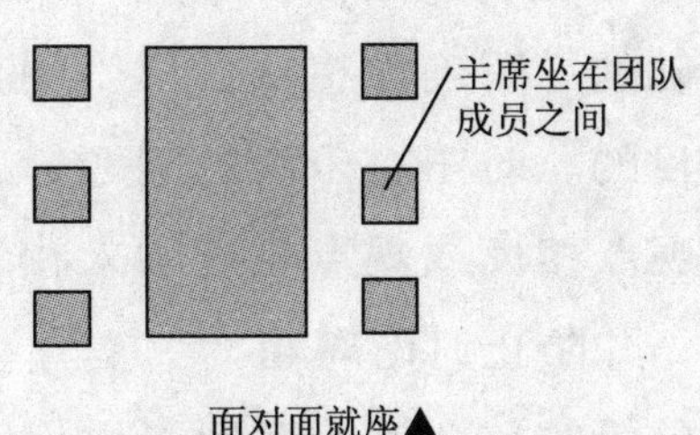

面对面就座▲

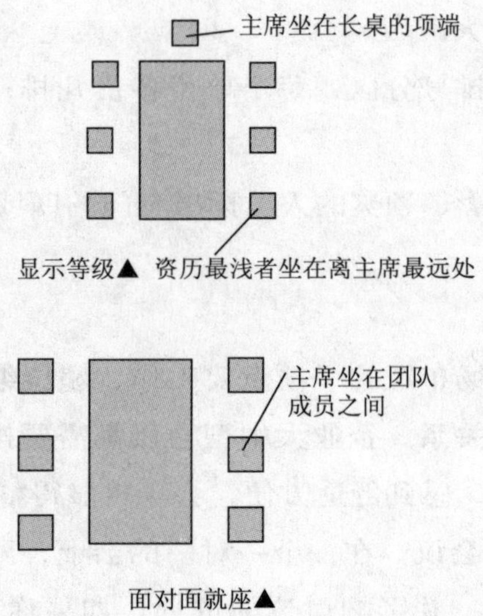

显示等级▲ 资历最浅者坐在离主席最远处

面对面就座▲

（2）大型会议（就座分组）。大型会议的目的决定会议安排。围绕一张桌子安排一群人就座时，用两种形状的桌子有三种基本的选择。

• 如有谈判或对抗的可能性，选一张长方形的桌子，双方可相对而坐，在一边的中心安排一位中立的主席。要强调会议中的等级观念，主席就座于长桌的顶端。

• 对于较非正式、不分等级的会议，选择一张圆桌，每个人平等的围桌而坐。

• 如果一个会议的参加人数众多，将在礼堂或大房间内举行。

（3）运用策略来排座。策略性排座是以与会者会受其邻座的影响这个假设为基础的。明确你想从会议得到什么，然后通过安排座位帮助你达到目的。对于有争议的问题，通过座位安排把派系分散开，避免让观点相反或观点相近的人相邻而坐，这样做可以使观点泾渭分明，并防止讨论离题。

根据你了解和分析的与会各人对所要讨论问题的观点来构划

座位安排图。另外，考虑主持人的目光能够与谁进行目光接触，相应地安排与会者的座位。

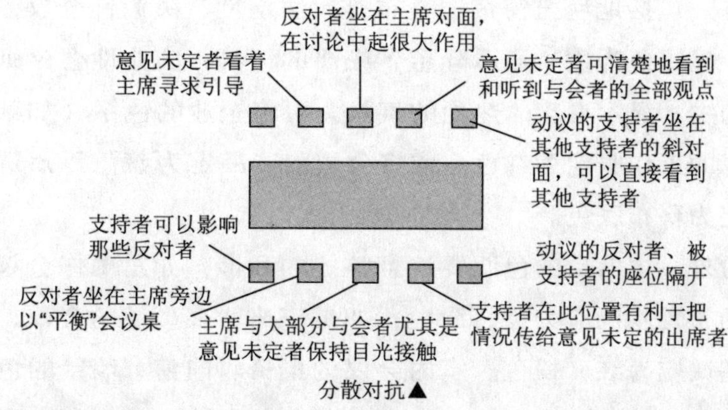

分散对抗▲

（4）场地装饰。装饰性布置包括会场地点、大小、形式的选择和色调、装饰布置、附属设施及座次排列、也包括相关或毗邻的建筑物、通道和区域的美化等。利用色调、尺寸和装饰进行会场设计布置，是适应会议中心内容的需要，起到突出会议主题和烘托气氛的作用，达到企业宣传的实质目的，拟订布置会场的方案时，要讲究一定的科学性、合理性和艺术性，更应细致周到，大致考虑的项目如下：

- 主席台。会场主席台是与会人员瞩目的地方，也是会场布置的重点。现在一般在主席台前设讲台，用于发言人讲话。主席台后方通常会搭建起一块主题背景（彩喷材料）板，背后悬挂会标或旗帜，大型会议在底幕会标两边要摆挂红旗；有些会议可在会场外建筑物四周竖一些彩旗，以烘托气氛；会议名称的标语悬挂在主席台上方。背景上有会议主题及主办机构信息；主席台上可适当摆放鲜花点缀；主席台要求红色地毯，绒布主持台；主席台设席位若干，主席台两侧挂大型白色投影幕，配备激光指示笔（或者伸缩式教鞭）；主席台配置有线/无线麦克风、茶水杯（或者瓶装矿泉水）。

• 色调。要与会议内容、对象、气氛相适应，能考虑季节因素更好。包括地毯、窗帘、桌布等。法定性、决策性会议，以褐红色、墨绿色为主，显示隆重、庄严的气氛；庆典性会议则以暖色调为主，显示喜庆、热烈的气氛。可将企业的色系（如某公司将员工的工作服定为红色、或将公司的产品定为蓝色等）选择一下确定为幕布底色。

另外，主席台的色调要注意整体的和谐，如是工作会议，主席台的布置基调应为蓝、绿色；如是庆典、表彰性的会议，主席台的基调应为红、粉色。室内会议的桌椅、门窗、墙壁的色彩要力求和谐一致，陈设安排应实用美观，留有较大的空间，以利于人的活动。晚会、舞会或智力竞赛的会场可用多种色彩的灯光渲染气氛，以显示活泼热烈的效果。

• 幕布。可选择一层幕，也可根据需要选择多层幕，但底幕应选用重质材料，分幕可用轻质或亮彩材质。在幕布的周围可加简单的配色构图或人物构图，这样既简练又大方而且还美观。整个幕布的色系要搭配得当，主次分明，特别要突出企业独有的特色来，当然喜庆是不可缺少的。此外，可在幕布底边处点缀些鲜花或气球等具有动感之物，这样会更佳。

• 徽标。在主席台或主席位的上方悬挂会标和会徽。会标一般要标明会议的全称，多用宋体，红底（蓝底）白字，有的会议如追悼会则应用黑底白字。主席台底幕上有时需要加挂徽标，如党徽、司徽、会徽等。将公司的商标（如果企业的商标比较美观的话）作为幕布的“幕眼”镶于幕中。

• 标语。会场入口处及会场内是给与会者进出时的首先印象，可适当悬挂一些鼓动性、庆祝性的标语。标语应该是口号式的，字数不宜过多。也可以用气球悬挂。大型会议入口可设置贴有会标的拱形气模 1～2 个，会议主席台上方悬挂横幅一条，两侧面分别再挂两条（也可不挂），以作欢迎和明示主题之用。庄重严肃的会场悬挂的会标通常是红布作底衬，再印上白色的字幅。小型会议，在会场前面的墙上或黑板上可以剪贴或写上字体端庄的会标。会标可用黑体、楷书、行书、隶书等字体来表现。

- 指示牌。指示标志对于与会者迅速地找到会场位置非常重要，指示牌要注意统一整个会议的 VI 标识；统一 VI 的胸牌，可用不同的颜色及文字区分会场人员的身份，更加容易识别和协调人员；要在签到处和贵宾位置设置桌牌，以便使来宾能根据桌牌快速找到自己的签到或接待位置。

- 报到台。供来宾签到或咨询以及办理手续的地方，在报到处的后方设置签到处背景板，更能体现会议的专业性；报到台的设计要根据需要用中英文字母醒目标出，才能引起来宾注意。

- 花摆。花草是软性的视觉注意力，根据会议性质和主题需要，在主席台底幕下、主席台与代表席的隔离处、讲台和会场四周可适当摆放若干花草盆栽。以表达会场的热闹和生气，但不失庄重。VIP 室、签到桌及讲台等位置一般都应放置鲜花，开业典礼及其他庆典往往还需要花篮花门等装点，在主席台后侧适当摆些棕榈树、花草植物盆栽，显得既庄严又朴实，这对烘托会场气氛，营造优美的环境很有好处。

总而言之，企业会场布置要本着宾客第一的原则，以务实、高效的精神，一丝不苟、精益求精的宗旨为与会者提供全方位、多元化的礼仪服务，将企业会议活动装饰得尽善尽美，为我们的企业形象增添异彩。

需要注意的是，不论企业会议的规划有多详尽，对会议的准备工作有多周全，倘若在开会前我们对会场不作最后的审视，则有可能会出现纰漏，甚至会功亏一篑，因此，在开会前的半小时至一个小时内，企业会议主办方负责人最好亲临或是派人到会议现场督促检查工作是否做好，以确保会议取得圆满成功，尽显实效。

人员分工

会务工作人员的分工一般按事件和工作性质来进行划分。相关联的工作先安排到一起，然后按工作人员的能力和性格来进行划分。

一般来说，会务工作包括以下几个方面。

1. 会前筹备

会前筹备工作包括物料提供、印制、人员组织等方面。筹备工作需要注意表格和清单的应用，避免口头承诺和口头工作交接，任何工作的接口都要有书面文字说明。

2. 会议签到

会议签到是为了精确统计会议人数，保证会议能够顺利进行，必须予以重视。

3. 会场服务

会场服务的好坏直接关系到会议能否有序进行，好的会场服务是会议顺利进行及圆满结束的必要条件。会场服务工作的内容比较多，主要包括以下几点：

- 引导座位。大多数会议的与会者座位都是事先安排好的，要求与会者对号入座。同时，工作人员要引导对会场不熟悉的与会者入座。一般情况下，为了方便管理与交流，往往安排以部门为单位集中就座。在一些大型会议中，由于会场较大，与会者人数较多，为了做好座位引导工作，可以在会场设置指示标记，或印制会议的座次表。以便引导与会者快捷、方便地入座。

• 分发会议的文件资料。会议中往往有文件和材料需要分发给与会者，这就需要工作人员及时地将其送到与会者手中。文件资料的分发有两种形式。会前分发：一般在与会者入场时，由工作人员在入口处分发；也可以在开会之前在每位与会者的座位上放一份文件材料。会中分发：在会议进行期间根据会议进程的需要，由工作人员将文件资料分发或收回。有些会议的文件资料需要收回，一般应在文件的右上角写明收回时间，以及由何人收回。收回的时候应予以登记，以免发生错漏。

• 维持会场秩序。在会议进行的过程中，为了防止混乱的发生，阻碍会议的正常进程，一般需要有工作人员维持会场秩序，禁止无关人员入场，保证会场的安全。在发生意外的时候，应及时做出有效的反应，制止发生的无序情况。

• 信息传递。在会议进行的过程中，会场往往与外界是隔绝的，需要会议工作人员传递信息，进行内外的联系，将一些紧急情况传达给与会者。但是，在信息的传递过程中，工作人员必须保证对会议内容的保密。

• 设备控制和维护。投影仪、音响、灯光、麦克风等设备的控制，如果是公司内部会议室，则要培养两名以上的操作人员，如果是外部会议室，则要安排专门的对接工作人员。

4. 后勤服务

后勤服务包括餐饮、住宿、财务以及火车票机票预订等，视会议规模和参会人员而定。

5. 其他事项

• 会务人员要做好会议纪律宣读及其他事项的咨询、提醒等工作。

• 还应做好参会人员报到或签到工作，并分发会议材料。

• 会务人员应根据签到情况掌握到会人数，并及时联系未到会人员，查明迟到或缺席的原因，将有关情况报告相关领导。

● 会务人员应引导主席台人员或重要领导同志就座，并注意了解参会领导是否带齐讲话稿等物品。

● 应注意参会人员的就座情况，会场前排尽量不要空座。

● 视情况统一会务工作人员着装。

附：常见会务工作人员分工表样式

小组	职能	具体工作事项	备注
指挥部			
销售部			
场内组			
资料组			
物料组			
外联组			
财务组			

准备用品

会议的成功在很大程度上依赖于事先的准备和组织，包括为这些场合提供恰当的设备和材料。所以，通过表格和清单以及专人的管理，可以较好地保证会议开始之前的设备和用品能够正常工作。

一、会议用品的确定

会议用品的确定也许需要一次提前的小型头脑风暴，将所需物品的种类、数量及获得方式全部确定下来，形成书面的清单，并落实各项的责任人，以避免到会议开始时出现漏项。

二、会议常用视听设备的选用

目前，几乎所有类型的会议都会使用一定的视听设备来辅助演讲、代替现场发言、进行娱乐活动等。音响手段与视觉手段可以分开单独使用，也可以合在一起使用。一般人们所说的视听手段是三者的统称，没有进行具体区别。

会议中常用的设备类型有：表决系统、同声传译系统、发言讨论系统、多媒体投影机、幻灯机、投影仪、投影屏幕、接口单元、录像机、电视机、数字监视器、电视墙、灯光设备、摄像机、音响设备、办公设备、音频视频会议系统和其他设备等。

对于会议使用的音响、照明、通讯、录音、录像、通风等设备，应设专人操作与维护，其目的是避免会场上出现不必要的尴尬场面。

三、确定工作人员的职责

由于视听设备和会议用品都涉及费用，因此有必要派专人负责设备、物品的使用和安全工作，包括登记设备、物品的出入、正确操作以及在会议前后保证设备在会场中的安全。

另外，工作人员还应准备一些应急的设备配件，如空白磁带、彩色粉笔、钟表、保险丝、贴纸标签及一些基本工具（如十字螺丝刀、一字螺丝刀、开口钳、手电筒等）。

附：××公司中层会议采购物品一览表

物料名称	用途	数量	取得方式	责任人
小礼品				
药箱				
黑色白板笔				
红色白板笔				
蓝色白板笔				
绿色荧光笔				
黑色中性笔				
红色中性笔				
大白纸				
裁纸刀				
胶带				
双面胶				
订书机				
订书针				
剪刀				
板擦				
白板				

续表

物料名称	用途	数量	取得方式	责任人
笑脸胸牌				
湿巾				
抽纸				
水果与茶点				
甜品				
…				

会前检查

不论视听设备是否有问题，在临近会议开始前对设备的工作状况的测试总是有必要的。如果可能的话，应该在测试结束后对设备做一些标志，以免使用的时候拿错。

尽管大多数发言人不需要或不要求进行预演，但是大会的承办者还是应在会议开始之前测试一下设备的使用情况，并熟悉一下会场。在需要使用视听设备的会议之前，有必要对灯光调整和幻灯片放映等进行预演，以确保相关人员都清楚地知道操作的过程。通过预演，可能会发现有些幻灯片需要重新制作或修理，或者讲台、灯光、投影机等需要重新布置等问题。

一、要做的事

（1）检查是否预定了点心。

（2）检查休息室的设备是否够用。

（3）保证有足够的停车位置。

（4）多准备一些书面背景材料，以防有些与会者遗失了这些材料。

（5）确定供电系统是否正常。

二、检查会场布置

在会议场所，你可能只有一点有限的时间可以检查设备，安排座位，准备好视听设备如投影仪和屏幕，以及分发议程和背景材料。如果真是这样，考虑多找些人来帮忙，作会前准备和会后的收拾整理。如果使用一个确定的会议室，会前检查那一天的会议室是否被双重预定。预定的时间应比你所使用的时间更长一些，以便准备好开会所需的设备和会后撤走设备。检查座位装置是否适合你的需要，并且确保会议前后房间是整洁的。

三、试用视听设备

要在会前预先试用并熟练掌握视听设备，确保这些设备是好的，以及从所有的位置上都能看到图像。若有必要，争取技术支持。

四、提供书写工具

对会议记录速度和精确性的要求以及现场的格调——正式和非正式——会影响与会者对书写工具的选择。在某些类型的会议（例如新闻发布会）中，与会者可能用笔记本电脑、电子记事本或口述录音机来记录信息。

如有需要，为与会者提供做笔记用的纸和圆珠笔或铅笔，以避免人们为寻找他们自己带来的这些物品而可能出现的延误和干扰。利用分发印有你公司标志、名称、地址和电话号码的专用纸张和笔的机会进行免费宣传。

实践练习：

请检查您的会前检查状况如何：

（1）你是否认识到会前检查的重要性？请结合你目前的工作，思考和分析一下它的重要性是如何在日常工作中体现出来的。

（2）你在进行会前检查时是否首先考虑到会议的必要性和目

的性？如果你还没有养成这样的思考习惯，请你予以改进。最好能结合某次具体会议，看看会前检查对你开好会议是否有极大的帮助。

（3）你所做的会前检查是否全面、实际？请你就已做的检查内容再次予以反思，看看有没有更好的检查方式？

提前演练

除了部分小型会议外，会议召集人都应当想办法进行提前演练。演练是一次检查，也是一次工作人员安排和流程设计的检验。提前演练对于议程复杂的会议非常必要，对会议的各个角色，特别是主持人、发言人都是很好的准备和热身。

演练不是走过场，应该带着明确的目的进行，这样可以很快地知道为什么要提前演练，也知道演练需要注意什么问题。提前列出演练目的清单，在演练过程中进行观察和比照。

一、会议筹备期检查

（1）会议目的：本次会议是否确实需要召开？开会的议题是否明确？

（2）会议事项：开会的时机、时间是否恰当？开会的地点、环境是否合适？会议邀请的对象是否合适？

（3）会议通知：与会者是否已经得到通知？是否已经将会议的宗旨、议题通知与会者？是否要求与会者事先准备有关资料？与会者是否已经就议题做好准备？

（4）会议准备：是否已经拟订好会议议题的进行顺序及会议时间的分配？准备工作是否已经完全就绪？所准备的文件资料是否真实、准确？是否已经安排好了会议记录？是否需要使用相关设备？

二、会议活动细节检查

（1）签到；

（2）交通工具；

（3）会场布置；

（4）花饰布置；

（5）议程衔接；

（6）看板及标示板使用；

（7）拍照及摄像；

（8）座位顺序（是否突出主宾、是否便于会议交流）；

（9）胸章及名牌；

（10）服务员的着装；

（11）资料的收发；

（12）住宿安排；

（13）费用支付（住宿、餐饮、电话费等）；

（14）用餐安排；

（15）展览展示物品正常使用；

（16）主持人与设备控制人员的配合；

（17）灯光、音响的正常使用；

（18）场内工作人员练习。

第三章

与会者要求

与会者是会议的主要人员构成。一场会议的成功，不仅取决于组织者和主持人，还取决于大部分与会者。与会者对会议的理解、对自身责任的明确、个人的分析能力、工作经验以及发言能力，都将成为有效会议的保证。

积极准备

成功的会议不仅需要合格的组织者，还需要优秀的与会者。与会者是否做好充分的会前准备，直接影响会议的效果，所以，作为会议的与会者，认真了解会议的相关情况是很重要的。认真了解和准备是对自己工作和责任的负责，而且，充分准备的你在会议上将吸引大家的关注，显示你的敬业与才能。

准备之前，有必要充分理解会议议题，如果通过会议通知无法了解，请与会议组织者或召集者提前沟通。然后在会议议题和目的的基础上，考虑自己在会议中将发挥的作用以及如何发挥作用，接下来，就可以做相应的准备了。

简单的三步准备，将帮助你理解和掌握一名优秀与会者的要求：

第一步，看大家希望什么

参会人员的需求一般有以下几点：

（1）可靠的信息。可靠的信息是所有工作顺利开展的基础，也是会议讨论的依据，如果信息不可靠，讨论也是白讨论；如果是重要的信息，没有做好充分准备，也可能直接导致会议中止并延期。

（2）可靠的数据。数据是信息的一部分，其作用与信息一样，再雄辩的观点也要用数据说话。

（3）合理的结构。结构是你要表达内容的组织形式，很多人都把注意力放在观点上，而忽略了观点提出的方式——这就是表述的结构。要么由总到分，要么提出问题再解决问题，也就是“为什么、怎么办”。总之，其他与会者希望听到的是合理、系统的论述结构，而不是跳跃的诗歌朗诵。

（4）合理的建议。为公司、团队提出合理的建议是会议议题背后永恒的主题。提前就把建议想好，并从各个角度去检验这些建议，这样才能让大家接受，也很好地承担起参会人员应有的责任。

（5）生动有趣的例子。没人希望只讨论干巴巴的理论，任何时候，论述或演讲中的例子都是吸引人的最佳工具。会前多准备点生动有趣的例子，将使你在会议上大放异彩。

除了发言的内容，发言的形式和其客观条件的配合，都将起到重要的作用，所以，对于发言内容以外的要求，还有以下几点：

（1）目的明确、条理清晰。说话、演讲能力到哪儿都需要，这方面不足的朋友请多练习，尽早突破。

（2）简洁流畅。长篇大论必将遭人厌烦，即使其他与会者不表现出来，也改变不了废话连篇的发言成为负面案例的事实。希望不要出现当你一站起来要发言，底下就叹口气说“又来了”等现象。

（3）适当的幽默。幽默能调节气氛，促进交流，适当的幽默，肯定能让你从大家的眼神中看到什么。

展示自己和想法的方式与你所要讲的内容同样重要。一个人的说话、行动及反应的方式都会影响会议的成败。所以，你的发言要紧紧围绕大家的要求展开，不要只关注自己想表达什么。

第二步，拟定你的发言

（1）收集信息。首先是必要的背景调查，通过收集新的数据或查阅以前的数据，此外，还可以对其他与会者做些研究，甚至试探其他与会者的观点和立场。

会前进行一些基本而透彻的背景调查，能帮助你在会议中做出有见地且有效的发言。通过对背景的分析，展开对议题的理解和建议。这期间，要了解与会者中有没有矛盾的立场或观点。

如果想提高自己建议的通过率，有必要预先游说其他与会者，以获得支持。

（2）确定立场。倘若你的观点可能会受到强大的抵制，尽力辨认出你的反对者，并预先与其协商一个折中办法，这样在公众面前双方的威信都不会受到破坏。要想成功地驳倒对方，理解对立的观点是很重要的。你也许不能胜过对手，但应避免出现僵局。

（3）分析要点。会前与别人分享信息总是有益的，尤其是与那些持相反观点者，因为他们可能希望表达不同的看法，这种交流会帮助一个派别容忍甚至接受另一种意见。

（4）准备谈判。谈判发生在完全不同的多种观点之间。一场会议通常都带有谈判的部分，只是不一定会明确表现出来。比如工作安排的会议，即使是上级给下级安排工作，这也是一个谈判的过程，下级是否接受任务，以什么样的配合来确保完成任务，这些讨论的实质都是谈判。

不同的观点在会议上碰撞，就会发生谈判，会前做好谈判的准备，将使会议的结果更向你的方向倾斜。谈判之前，你需要形成坚定的目的或目标，以及达成目标的相应完善的策略。这个策略应当包括反对的理由以及可以妥协的范围。提前想好这些问题和解决办法，在会议的谈判过程中，你将占主动地位。如果对方也做好了相应准备，至少也可以在一个对等的状态下进行谈判。

第三步，制作相关文件

一份形象而且详略得当的展示文件（比如 PPT）将起到锦上添花的作用。需要注意的是：如果会议地点不提供投影设备，或者只是简单的发言，就没有必要准备展示文件了。

展示文件的制作要点：

（1）避免复杂的布局，这不是展示平面设计能力的场合。

（2）用字少而大，表明观点即可。要考虑到与会者能否方便看到。

（3）补充说明材料（图片、视频等）也尽量少用，精选有代表性的即可。

（4）不管之前有没有提交给组织者，自己也要用移动存储设备备份，会议过程中始终带在身上。

参与讨论

积极参与讨论是会议对每一位参会人员的要求。无论你是主持人、主讲者还是与会者，有技巧、有号召力的讲话都能使会议取得成功。

不同的交流方式能给会议带来截然不同的效果，只是为了开完会，消极发言和讨论会使会议走入阴霾，那些有见地而且有激情的发言，才会让大家兴奋。积极参与讨论的氛围可以使会议更快速有效地进行，也更有利于通过对组织有效的决议。

有经验的人会在平时努力提高说话技巧，这样在会议上自然能更好地达到理想的效果。除了说话技巧之外，我们也可能需要有会议技巧。下面，让我们花几分钟，来认识一下参与会议讨论所要做的一些调整：

一、对成功的期望

事实上，听众不会在意你的长相，他们更关注你的表现，这才是你的兴趣和精力应该注意的地方。至于在任何讲话的场合中，听众在一开始就会认为你是无过失的。会议主持人就应该像个主持人。被邀请发言的人必须有能与人分享的东西。大家都希望发言人能提高与会者的兴趣、提供大量的信息。

二、这是令人高兴的事

走出自我，投入到发言人的角色中，获取大家的支持和鼓励，否则，你会自动失去他们的支持。请注意，这些态度不是由于你是谁而造成的，而是由自我利益导致的。人们不想浪费时间，或者不愿感到厌烦。

三、扮演你的角色

如果你沉浸于自我而不是注意大家和事情本身，你很快就会觉得积极的感受转变成了某种消极的力量，这种力量使你冒冷汗、失去知觉。所以，忘记你自己，把精力集中到你的角色上。

许多人不愿意扮演角色，认为这样会使自己变得虚伪，这种想法是错误的。每一次成功的公众表现的基本原因在于交流者的一些能力。高效的发言人懂得把注意力集中在事情本身，并带领与会者进入他的角色而更充分理解和接受他所要传递的信息。

四、真诚表达

诚心参与讨论，相互取长补短、以求得共识的。禁止哗众取宠或玩世不恭。发言人的自卖自夸行为对于会议的进展是非常有害的，这种行为既可能延误会议的进程，又可能因为新参会人员对于其人的不了解而被蒙蔽。

五、大胆提出疑问

对有疑问的地方及时、大胆地提出，这也是参与讨论的一种常见形式。个人解决不了的，说出来大家相互帮助、消除偏见、求得共识，议题也会在这个过程中得到更好的讨论。当然，如果总出现大家都知道而只有你不懂事情，就要在会后自己找问题了。

六、博采众长，厚积薄发

这是关于积累的问题，热爱学习的人知识面自然宽，参与讨论的能力也会得到加强。用心学习的人知道从学中来，到实际中去的人，并因此而拥有更好的辨别是非的能力。

七、避免空话、废话

合格的与会者以“实”服人，能够分辨出哪些是需要的，哪些是多余的。所有与会者都不希望碰上一个满嘴空话的发言人，因为听这样的发言简直是对生命的浪费。精简的发言可以让参会人员更加明白议题，减少不必要的问题，集中处理核心问题，可以避免不必要的拖延。

八、避免感情用事

发言人的辩论是正常的，不正常的是感情用事很可能让会议陷入到无畏的争论中，如果有感情用事的情况出现，会议的组织者或主持人应该立刻提醒，如果提醒不行就要把他或他们驱逐出会场。

九、在限定的短时间内发言

过长的发言会让人厌烦，学习用最简短的语言表达观点是非常必要的。会议讨论中，发言只需要把主语、谓语和宾语表达清楚就好，减去不必要的修饰词语。另外，不要担心别人讨论你的发言时间是否太短，如果因为想撑时间而不断展开自己的观点，最终你会发现，原本精彩的发言成了大家厌烦而且不得要领的八股文。

十、懂得提问

提问是会议中常见的方式，也是最重要的方式之一。不适当的提问不仅会影响会议的顺利进行，还可能挫伤与会者的积极性。所以，注重会议的提问方法和提问技巧是必要的，有助于达到提问的预期目的。

提问的方式如下：

(1) 间接提问：不指名道姓，面向全体与会人员提问；

(2) 直接提问：指名道姓地向特定的人发问。

提问时应该注意的问题：

(1) 使用正确的语言；

(2) 提问的问题要反映会议的主旨；

(3) 要提出引人深思的问题；

(4) 语气要亲切；

(5) 提问的问题应便于回答；

(6) 提问应说明问题的重点。

十一、尊重少数人的意见

有些时候我们还可以为了少数人的意见而适当地牺牲多数人的意见，当然，牺牲的是表层的东西，核心的意见不能为了维护团结而牺牲，否则大多数人来开会的目的是什么呢？

最后，不要做自始至终都没发言的那个人。

外表形象与肢体语言

得体的穿着会使演讲者一直保持较好的状态，发言清晰而又自信。相反，不得体的穿着会让人在发言时浑身不自在，生怕哪一处被人看出来不好，这大大牵扯了自己用在发言上的精力。

职业性的外表能为你获得更多的尊重，因为人们往往首先以外貌取人，如果你将与另一个公司举行会议，了解该公司的着装准则，这样你就可以避免出现诸如所有与会者都穿着牛仔服而只有你穿着西装的情况。在正式会议上，尤其当其他与会者都不认识你的时候，穿一套正式的服装。不论你穿何种服装，检查并确保你的外表整洁，头发干净，指甲修剪整齐，皮鞋光亮。

在非常轻松自如的环境中，或在希望人们能畅怀交谈，共同分享快乐的环境中，对穿着和举止的要求就相对少一些，而更多地要有个人的风格和对别人意见无私的考虑，如业务、培训研讨会、职员大会等。在这种场合，你的表现必须坦率开朗、受人欢迎。

即使是轻松的会议场合，也不要穿看上去夸张的服装和令人分心的装束，如围着一条长披肩，或经常需要用手梳弄你总是垂到脸上的头发等来分散听众们的注意力。

肢体语言也是会议讨论中需要注意的部分。你必须运用不同的手势、举止和声音来鼓励别人。不要死板地站在原地，如果场地允许，可以选择环场漫步，或者伸出你的手来邀请某人做特别的演说，轻松恰当地拍拍别人的肩膀或臂，以示友好。

一、面部表情

在整个演讲表达过程中，要保持微笑的表情。满怀激情地轮流看着与会者的眼睛，注意目光交流，只有这样，才能够吸引他们的注意力。原则上是和每个听众都要有目光交流，并且时间控制在两至三秒之间，因为两三秒钟正好完成了一个交流，又不至于时间太长。

当你每更换一个幻灯片时，迅速地记住这一页需要讲的内容，用更多的时间去关注与会者，这是在专业的表达过程中非常重要的行为，它可以保证你的这些行为会给大家留下一个较为深刻的印象。

二、手势

手势能吸引大家的注意力，能证明你充满了必胜的坚定信心，但手势也不要做过了头，要恰到好处。最初可以刻意模仿一些演讲大师的手势，只有你一遍遍地模仿着再去做时，才会习惯。在会议之外，勤学苦练是很有好处的，你可以找几种手势，然后再反复地练习。

三、移动

如果场地和场合允许，请接近你的听众，因为你越接近你的听众，就越能调动他的参与。当然，要使每个听众和你保持相等的距离。移动的目的正是让每一个人都能和你保持相等的距离，在演讲之前，你要观察座位的摆放，然后有目的地在不同的地方表达、介绍，使每个人和你的距离保持相同，这样更能保证你同每个听众都有同样的热情和亲切感。

四、姿势

站姿在演讲的过程中非常重要，专业的站姿就是两脚与肩同宽，脚尖朝前，重心放在脚掌上，并稳定重心。当演讲者要表达强烈的感情，希望与大家形成共鸣时，往往采取“丁”字站法：一只脚在前，一只脚在后，两脚之间呈垂直的“丁”字形，两腿前后交叉距离不宜超过一只脚的长度，全身力量放在前脚之上，且后脚跟略微提起。当然，如果是在座位上站着发言，受限于空间，也可以轻松站立，但不能随意。

坐姿也有讲究，长时间的正襟危坐不可取，但也不能东倒西歪。坐在椅子上将手搭在椅子的扶手上，是强者彰显自身权威的一种方式。同时，你还可以借此树立自己高大正直的形象。而那些身份低微、精神沮丧的弱者在坐下的时候则会将手垂落在椅子扶手的内侧。所以，除非你故意想要告诉别人你是个弱者，不然，就千万不要摆出上述的第二种坐姿。

无论你的态度如何，将双臂交叉抱于胸前的动作往往会被当成是否定态度和消极思想的标志，这个动作也不可取。

此外，多余的动作将是不成熟或者准备不充分，甚至出现工作失误的表现，自我监督并克服一些不必要的多余动作，比如用手摸头、双手玩弄小物件、抖腿等。

实践练习：

（1）每天花十分钟，对着镜子练习如何保持积极的面部表情。

（2）录下你自己的演讲排练，检查你讲得是否清晰。

精准表达

精准的表达几乎是每个人的追求，本节的3分钟将通过会议发言的4个关键点，帮助你掌握会议中的精准表达。

一、建立自信

自信的建立是一个循环的过程。从一开始就表现出十足的自信，与会者就会认为你准备充分，而且有足够的能力解决问题。这样的信心又会反过来传达给你。一旦你感受到其他与会者对你的信任，你的信心还会增强。

第一印象很重要。开场白应当反复练习，因为你可能只有一次发言机会，所以要一次成功。当表达有误时，应立即纠正，这样其他与会者就会察觉到你十分了解你正在讨论的主题。

预则立，不预则废，准备好再发言。如果一个想法出自于你的辛勤工作，就对它充满信心。在恰当的时候发言并表达清楚，注意遣词造句和语音语调，变换语调（如热情的、祝贺的、强有力的、正式的，等等）会产生不同的效果。这将为你赢得最佳的发言时机，缔造一个完美的开端。

二、金字塔思维

如果说会前的发言准备是一个自下而上的归纳总结过程，那么，会上的发言，就是一次自上而下的分解表达过程。这时一定要运用金字塔的思维方式，控制表达思想的顺序，才能给与会者清晰的观点及其逻辑关系。

由于与会者的大脑只能逐句理解作者表达的思想。他们会假定一同出现的思想在逻辑上存在某种关联。如果你不预先告诉他们这种逻辑关系，而只是逐句地表达你的思想，与会者将会对你表达的元素进行重新归类组合，以便了解各个组合的意义。但是，由于人们的知识背景和理解力千差万别，他们很有可能会认为某两种观点或元素之间根本没有任何联系。

举个常见的例子。

在月度总结会议上，某市场部经理就其中一项工作进行总结发言：

华北地区的新闻媒体发稿工作，由小张和小李两个人负责，其间，小张去了一趟天津，正好赶上那边有一场展销会，所以就临时给我打电话，希望我能参加。我就同意了，还让小李负责了几个文案的配合。在天津期间，小张拜访了当地的一家经销商，得到了一些新的情报，这些情报我汇总在一个文件包里，会后有兴趣的同事可以到我这来复制。另外，说到这儿我不得不提内部信息库的建立事宜，不然每次都要来回拷，很容易造成数据丢失或传染病毒……小张回来后，就只剩下一周的时间了，我带着整个部门一起加班，最后还差 12 家媒体的任务没发完……

聪明的读者，也许你已经看出问题来了，有效的发言应该是这个样子的：

上个月华北地区的新闻媒体发稿工作没有完成，差 12 家的量。原因是期间天津举办了一场展销会，我临时抽调小张去参展，并拜访了当地的客户。

关于信息库建立的事宜，应放到最后提：

天津经销商提供的情报我已经整理成资料包，需要的请会后统一到我这儿复制。顺便，我提议找个时间，商量关于建立公司信息库的事情。

金字塔思维是一种结构性强的思维方式，学会用这样的思维来组织语言表达，既有助于个人的分析，又有助于听者的理解。所以，在发言的时候，首先要提出总结性的观点，然后再表述这个观点具体包括几大点，每一点又包含几方面内容，如此由上至下表达。在发言时，你也必须提前把这种结构告诉与会者，这样他们就知道要寻找哪个共同点。否则，与会者很可能会发现某种非你所望的逻辑关系，甚至还可能根本发现不了任何逻辑关系，这样既是在浪费你的时间，也是在浪费大家的时间。

三、防止打断

在有的会议中，你可能只有一次机会参与发言，所以会前必须精心准备，只有这样，在发言时才能全神贯注，简洁有力，这是防止被他人打断的基础。

如果有人试图打断你或阻止你提出你的看法，你还可以盯着他们的眼睛，提到他们的名字以引起他们的注意，并告诉他们，你尚未结束发言。如果他们仍然坚持，你可以通过主持人寻求支持。

提前练习被打断后的调整技巧。“我很快说完”“我说的就是您提到的情况”“我很理解您的意思，请让我把话说完”等语句要熟悉，而且一旦被打断，马上使用这些语句避开话题，积极地将别人的思路引到你的发言当中。避免和打断你发言的人进行理论，因为如果你要理论，你的脑中要迅速组织语言进行反驳，这会中断你的发言和思路，导致你接下来的发言无法正常进行。

四、随时调整

发言过程中，你还要留意其他的与会者的需求，从他们的眼神、动作及其他相关表现中，寻求他们对自己观点和表现的反应，并随时调整自己的发言重点。如果发现他们对某一部分感兴趣或者表现出强烈的怀疑，就要对这一部分着重说明；如果某一观点并未引起在场人员的反应，那么你就要尝试调整这一部分的表达方式，或者取消该观点的表达。

认真倾听

造物者之所以赐给我们两只耳朵与一张嘴巴，就是希望我们多听少说，但遗憾的是有的人并未领悟其中的道理。在会议中，听远多于说，认真倾听，是主持人和与会者都必须具备的品质；懂得如何倾听，是所有与会者都要掌握的技巧。

倾听不是简单的不说话，而是一种极富警觉性与用心思考的历程。在会议中，倾听不仅是指“耳到”还包括“眼到”和“心到”。即通过观察说话人的脸部表情、眼神、手势、体态等表现了解其话语的实质，通过换位思考体会其处境与感受，以及运用大脑分析其动机。

一、常见的不认真倾听的表现

1. 做白日梦

听而不闻，视而不见，神不守舍！听不进去还要摆出倾听的姿态，殊不知这将进一步隔绝信息的接收，因为可用以接收信息的心思都被转用在摆姿态上。

2. 断章取义

只听取话语中所传达的部分事实，而没有了解事情的全貌。于是，任自己发挥想象曲解事实。

3. 委靡不振

精神涣散，注意力不集中，想办法振作精神才是倾听的第一步。

4. 产生抗拒

从内心拒绝听取某人或某种主题的观点。切忌根据说话者外表、教育程度、人缘和财富等因素判定其发言是否值得听取，即使没有兴趣的话题，也应认真听。

5. 情绪失控

当一个人情绪激动时，他通常只能听到他想听的话语，却听不到他不想听的话语。这时，尝试先冷静下来，控制好自己的情绪再听，如有必要，可以向主持人请假，暂时离开会场。

6. 被动思考

不愿主动思考，这样的结果只会被发言人带进其语境和逻辑，难以产生自己的判断和观点。在会上，应充分利用各种空闲时间来思考别人的发言，及时作出自己的分析。

二、倾听需要留心的要点

（1）随时掌握问题的焦点。在会议过程中，虽然可能枝节丛生，但你应该留心问题的焦点之所在，以免偏离主题。

（2）拒绝与邻座者的私下交谈。有时你会碰到喜欢私下交谈的邻座，这个时候，最好是友好地向他表示你对讨论中的主题很感兴趣，并展示凝神倾听的姿态。

（3）不要中途离席。当你重返会场，很可能重要的问题已经讨论结束，或是重要的契机业已消失。有些中层喜欢在会议中离席处理业务，这是一种很坏的习惯，不仅有失礼貌，还会错失良机。

三、如何表达你的倾听

会议中，倾听与发言一样重要，有时甚至更重要。倾听每个发言者的讲话并思考其潜在的含意。

1. 不要打断别人的发言

优秀的聆听者看上去注意力集中，目光与发言者接触，不打断别人，并表示出对发言内容很感兴趣。在会上交头接耳或坐立不安，会使想要倾听发言的人感到不快。

2. 聚精会神地倾听

尽量制造出有利于交流和倾听的氛围，对发言者的讲话内容表示出兴趣，因为他们需要你的鼓励。如果有不同意见，可以把问题记下来，在发言结束后提问。

3. 表示出兴趣

上身微微前倾，这是表示热情的方式，同时文雅地合着手表示身体放松。你要随时留意自己无意识发出的信号，如果你让不相信、不耐烦或不在乎表露出来，可能会打击正发言者的热情，进而影响整个会议的效果。

4. 尊重每一位发言者

尊重与会的每一个人，尊重他们的每一次发言，不管你对他们的想法有何看法。不要对个别发言者有任何个人或职业的偏见，因为这会使你无法听到他们可能提出的好观点。始终有礼貌地倾听发言者的观点。尊重是相互的，你对他人的尊重也会赢得他们对你的发言的尊重。

5. 及时修改自己的发言

有的时候，你会惊奇地发现某些与会者的发言更好地说出了你想要说的话，这时，根据别人的发言，稍微修改一下自己的发言，以反映你已经听到的内容，这更容易让与你持相同观点的人与你产生共鸣。

6. 不针对内容进行批评

在会议上的批评只用于某人的发言不符合发言次序，或者发言内容跑题，又或者发言人的行为破坏了会议的进程等，不得批评其发言的内容本身，如有不同意见，可以展开讨论。

会议记录及整理

会议记录可以作为会议情况和会议内容的原始凭证。当时过境迁的时候，会议记录还可以成为一个部门和单位的历史资料。会议记录分两种，一种是承担会议组织中的会议记录工作，一种是为自己所做的私人记录。

一、为会议组织承担的会议记录

这种会议记录又称会议备忘或会议纪要，其内容为描述会议过程和最终决议的简短记录。会议结束后，通常要根据会议宗旨和精神撰写会议记录，然后印发给有关部门。这种会议记录，不应掺杂个人的主观意见。同时，会议记录必须简明扼要，语言精练概括，内容全面、条理清晰、主次得当。撰写者必须准确理解会议宗旨，把握会议的精神实质，并贯穿于纪要的始终。要求准确、完整而清晰。

会议记录一般可分为两部分：第一，简述会议情况，包括会议的时间、地点、与会人数、会议目的、讨论结果等；第二，阐述会议的主要精神、所讨论的主要问题、做出的决议等。这是会议记录的主体部分，往往要对会议的原始记录进行提炼、选择。

1. 会议记录的具体要求

● 应当完整记录会议的时间和地点、与会者姓名、提出的全部项目（不必包括讨论的细节）以及做出的全部决定、协议和任命，提出议项的摘要。

- 必须公正、风格简明、清晰准确。
- 准确是很重要的，特别当此会议记录可能作为以后辩论的依据时。
- 保证会议记录的顺序与议程上的顺序一致。
- 如果对某个问题不太明确，应及时与主持人或召集人进行讨论。
- 其表述应该能让缺席者完全理解。
- 项目的表述必须确保简短、准确。
- 用数字标出每一个要点，这样就可以明确显示出一个要点的结束及下一个要点的开始。
- 如果会议记录特别长，应为其做索引。
- 最后定稿前建议组织者阅读一遍。

2. 会议记录的分发和跟踪

一旦做好会议记录，应及时分发给有关人员。如果会上取得一致的行动没有进一步实施，汇编会议记录将失去意义。会议记录应清楚指出每个项目应完成的最后期限，以及由谁负责执行。经过一段适当的时间，但必须在下次会议之前，追踪会议记录上所记录项目的进展情况，并且将最新的情况呈报给主席。如果必要，检查这些是否列入下次会议的会议记录中。

- 及时递交会议记录可以促进对决议采取果断行动。
- 会议结束的一两天内分发会议记录。
- 在两个会议之间跟踪那些要采取的行动。
- 利用会议记录就一个正在进行的事项编一个情况报告，与下次会议的议程一起传阅。

会议记录完成后，作为基础，可以根据需要延伸为多种文件材料：

（1）会务工作总结。会务工作总结往往以总结会的形式进行。对会议组织及服务工作的全过程进行总结，找出其中的漏洞与不足，从中吸取经验教训，避免再次犯错。同时，对会议工作人员进行表彰与鼓励。

（2）会议简报。会议简报是为了方便交流情况。因此，要求简报要真实地反映会议的内容，并且做到文字简练，篇幅短小，着重反映会议中的重要问题。

通常会议简报有两种写法：一是指导式写法。即采用新闻报道的形式反映会议情况，从会议中选取有价值的内容；二是转发式写法。即直接登载某些会议的发言，在前面配发一定的按语或评论，以强调转发内容的指导意义。

一个会议要取得真正的成功，不仅取决于会议过程的顺利与否，更在于会议的决议和精神是否真正被贯彻执行。因此，在会议结束之后，仍有许多总结和落实的工作需要认真去做。否则，会议就变成了纸上谈兵，没有任何实际的指导意义。

二、普通参会人员给自己做的会议记录

这份记录可以参考上面所说的要点的方法，将对自己有参考作用，以及明确自己任务的部分记录下来即可。此外，还要记录下自己的发言引起的反应，以及对自己参会表现的总结。由于参会人员还有其他的会议责任，这份会议记录不必记全，只要对自己的工作有指导作用即可。

但是，这并不说明这份会议记录可以敷衍了事甚至不做，作为自身参会的一次记录和总结，这份会议记录的作用十分重要，所以，也会有一些特殊的要求：

（1）时间和会议主题。这些基本信息不能略掉，因为在不同的时空状态下，各种观点的意义会完全不同。你也可以设想，如

果在回顾自己的工作笔记本时，发现一篇没有标明主题、日期的会议记录，是否会产生很多疑惑？

（2）成定论的指导思想及出处。在这次会议上，谁做出了一些关键的指导思想，对自己有什么启发，这对自己以后的发展，企业文化的吸收都有作用。

（3）与自己有关的决议，特别是需要自己参与执行的任务，一定要记好要求完成的时间、完成标准、汇报人以及合作人。

（4）在会议上自己的灵感和觉悟。一次成功的会议一定会给参会者带来很多启发，包括工作上的和生活上的，还有关于社会、人生的，这些感悟如果不记下来，很可能稍纵即逝，再也想不起来，即使再想起来，也已经过了能对你起帮助作用的时期。

（5）这份记录是在积极参与、主动思考的前提下做出来的，切忌流水账般罗列每个人都说了什么，这样不仅使会议记录失去意义，还会严重影响你参会的状态——会议不仅让你去听，还是思想、观点的提出与碰撞的场所。

评估与总结

做好会后的评估与总结，能够很快地提高自己的参会能力和技巧。所以，会后的自我参会评估与总结工作必不可少。花点时间做这个评估与总结，不仅可以加深你对所参加会议的印象，还能让你梳理会上所表现出来的人、事、物的关系，同时，最重要的是能总结自己的表现，大力提高自己的说话、分析和场面控制等综合能力。

每次参会之后，请根据自己所做的会议记录，评估自己的参会表现和效果，总结相应的经验和教训。评估与总结的方式可以参考以下问卷。

通过对下列问题的思考，评估你出席会议时的表现，从而找出自己需要改进的方面：

- 你是否让发言者讲完他们的观点后，才开始自己的发言？

改进措施：____________________

- 当你在发言中表达自己的观点时，是不是自信的？

改进措施：____________________

- 当你出现失误时，能否马上承认？

改进措施：____________________

- 你的发言是否能让大家马上明白？

改进措施：____________________

- 你是否总能得到大家的支持？

改进措施：____________________

• 你的观点是否明确？而且表达有逻辑？

改进措施：____________________

• 你发言时是否紧张？紧张的时候能否很快控制自己的语调？

改进措施：____________________

• 你是否懂得利用自己的身体语言？

改进措施：____________________

• 你每次参加会议时选择什么样的着装？是否得体？

改进措施：____________________

• 你是否做到总是认真倾听？

改进措施：____________________

• 你是否为每次所参加的会议都做了全面的准备？

改进措施：____________________

• 每次会议前，你是否仔细地回顾以前相关会议的会议记录？

改进措施：____________________

• 你在会前有没有预先调查其他与会者的看法？

改进措施：____________________

• 你在出席会议前明确知道自己的目标吗？知道如何实现吗？

改进措施：____________________

• 你能否在会议中发现与自己目标一致的人？

改进措施：____________________

• 你是否经常配合、协调主持人，使会议回归主题？

改进措施：____________________

• 你是否懂得会议上的角色划分，并扮演好自己的角色？

改进措施：____________________

- 你是否遵守会议的秩序和纪律？

改进措施：____

不论你参加会议的技巧水准有多高，重要的是要记住总有需改进的地方。找出你薄弱的方面并参考本书的有关章节，你会找到实用的指导与提示，它们帮助你建立和磨炼参加会议的技巧。

第四章

主持会议

主持人不容置疑是会议的关键人物，不过，由于角色的重要，往往也造成其职责的混乱，容易成为参会嘉宾甚至管理层的化身。所以，一要避免最高层管理者做主持人，二要让主持人具备主持会议的能力。一名优秀的主持人，能够引导一场精彩而高效的会议，并形成合理的决议。

了解职责

主持人是负责推进会议的人，是会议过程中的主持者和引导者，他有权控制会议，负责遵守规则。同时，主持人也往往是会议的组织者和召集者，他控制会议的进行，维持秩序，并成功地完成各项事务，对会议的正常开展和取得预期效果起着领导和保证作用。

会议主持人通常由有经验、有能力、懂行的人，或是有相当地位、威望的人担任。一般有两种情况：一种是当然主持人，是由其职务和地位，也就是由组织的章程或法规决定的。如单位的工作例会由单位领导人主持，党组织的会议由党的书记主持，董事会由董事长主持。主持人因故不能主持会议时，也可委托副职或其他相应的负责人主持；另一种是临时的主持人，比如各种代表会议，或几个单位、几个地区的联席会议，则由代表们选举或协商产生。特别重大的会议，则需产生相应人数的主持人团，由主持人团成员集体或轮流主持会议。除了小型会议之外，大中型会议的主持人主持会议时通常需要秘书长或秘书协助。

主持人的选定看似简单，但其中需要明确的内容却有很多，比如主持人的权利和义务，主持人需要注意的一些基本要点等，很多会议的失败都是由于主持人的权责不明，主持不够专业导致的。这一节，我们就来了解一下主持人的职责以及相关要点，了解了这些，相信你主持起会议来会轻松许多。

一、调整会议气氛

召开一个会议，会议主持人应认真地肩负起最大的责任，他应能很好地掌控到全局，能有效地观察到所有参会者及其反应，决定整个会议气氛的基调。当严肃与恐惧弥漫在会议中时，与会者就很难畅所欲言。要鼓励与会者发言，主持人除了应尽可能少发言、避免暗示有偏好的意见，更重要的是要营造和谐的气氛。当与会者的发言带批评时，主持人要避免语出不悦或接话反击，否则就很难让会议有和谐的气氛。

会议主持人也许有一些个人的偏好，但是无论如何不能把所有的会议都开成个人风格的会议。会议主持者应当按照会议的性质、传达的内容来定位会议的风格。会议主持者需要适时地区分参会者的不同风格，控制会议的气氛。

二、控制会议时间、推动会议的进程

作为会议的主持人，应做好充分的准备，完全有效地控制会议的时间。议程是让与会者对要讨论的事项有心理准备，也方便在讨论告一段落时，检查有无该议而不议的地方。另一方面，也让与会者对会议流程有清楚的概念，可避免讨论失去控制。若与会者对议程有疑问，应在讨论开始前排除，以助会议确能照议程进行。

会议过程中，尽量不要拖延；发现会议误入歧途或有一些拖延时，会议主持者应立即以最快的速度调整到正常的议程中。会议主持者应给参会者提供一个讨论某项问题的环境，在传达信息时，一定要按照会议的议程进行。此外，有很多专家在场时，会议主持者一定要做到不卑不亢。

三、协调发言

协调参会者的发言是会议主持者的另一项非常重要的工作，只有协调好参会者的发言，才能更好地将整个会议引向一个良好的进程。这其中包括如何充分调动参会者的积极性，让其主动、自觉地发言；或参会者积极性太高时，适当地把握会议的进程。

四、观察参会者的反应并给予及时的反馈

观察参会者的反应并给予一些及时的反馈是会议主持者的职责。这有助于整个会议的顺利进行，同时还能很有成效地和参会者进行有效的沟通，从而为高效率的会议奠定坚实的基础。

五、做讨论的总结

剔除小的、次要的问题，进行讨论的总结是会议主持者的职责。这样可以保证会议的成果，引导会议的良性进展，而不至于使会议最终没有任何效果，或乱七八糟、没有任何的条理性。在会议进行时，主席有必要在讨论每告一个段落时，将结果做一次总结。负责总结的不一定是主席，可以由会中自愿担任此工作的人来做。此人要系统地陈述讨论过的内容及达成的共识，如有疑义立即修正。总结完毕后，主席再宣布开始下一阶段的讨论。总结的目的也是使会议能照既定的方向进行，并避免忽略任何有建设性的意见。

六、引导发言者解释令人困扰的发言

有些发言者可能不善于言辞，或喜欢专用名词，发言内容常常让人一头雾水，令其他与会者只能“臆测”，这种情况常常使发言原意被扭曲。因此，当主席发现此类情况，而又没有人提出

质疑时，就应立刻对此人做出回应，直到当事人能把确切的意思表达出来为止。

七、帮助与会者理清不假思索的想法

有些与会者不假思索地将某些事情合理化。口头禅如“大家都知道……”“毋庸置疑的……”等，就是最明显的例子。这种思维模式呈现出非理性的思考，其结果只会导致考虑不周的低质量决议。主席要避免与会者陷入此“自以为是”的思考泥淖里，可以如此问道：“等一下！有没有人有证据说明，男性比女性更擅长使用电脑?”

八、尊重少数人的意见，避免会中意见一面倒的情况

有时少数人的意见会在日后才被证明是对的。主席要使与会者了解到，即使不同意他人的看法，也要尊重他人发言的权利。主席的工作就是在当少数人意见被压制时，尽可能让他们发言。毕竟少数人的反向思考，有时对提高决议质量很有帮助。

九、减少与议题无关的争辩与讨论

无关的争议指的是，发言者情绪化的要他人承认其想法是错误的，这样就会发生不必要的争端。当这种情况发生时，主席应立即打断他的发言，说明其争辩的内容与讨论无关。但是若其争辩内容没有离题，则可鼓励继续辩论下去，因为这样反而对于了解议题的优劣有正面帮助。

十、保持中立态度

最后一点是，主席在讨论过程中要严守中立态度，不要掺杂个人意见。其职责应是尽力协助与会者以客观态度议事，而不是

暗示与会者哪些为其满意的意见。

此外为了让会议有效，除了前面提到的会议准备，会议主持者还应进行会前的最后的准备，否则，失败的准备等于准备了失败。会前最后的准备包括：一定要最后核实一下曾经准备过的资料，会议的地点以及情况，确认参与者，器材的等各种准备情况。

会场信号识别

在会议中，主持人对气氛应保持高度敏感。如果气氛紧张，应赶快行动，改善状况。比如，当某个话题使与会者感到厌烦，则可以将话题转至议程的下一个项目。如果发现与会者对整个会议厌倦，则可通过总结讨论来结束会议。

对气氛的把握来自于对各种信号的识别，一名优秀的主持人能够读懂会议上的各种信号，通过信号来看会议的进展情况，以便于控制好会议的整体氛围。以下四步，教你识别常见的会场信号。

第一步，自我提问

会议进程中，优秀的主持人习惯于自我提问：

（1）每个与会者都有机会表达他们的观点吗？

（2）自己是否在控制会议？

（3）是否通过向大家提问的方式，鼓励与会者发言？

第二步，读出消极的信号

通过一些非细节，可以看出那些对会议过程感到不愉快的与会者发出的信号：

（1）常常看表；

（2）朝窗子张望，揉纸片及打呵欠；

（3）双肩耸起并避免目光接触等排斥性姿势；

（4）低下了头，挑衅性地瞪着眼，握紧拳头；

（5）总是打断主持人或他人的发言。

通过这些信号，你可以读到与会者的消极情绪，这时需要改变会议的节奏，或者请与会者表明其消极的原因。

第三步，辨别积极的信号

积极的信号表示与会者对会议的进展感到愉悦。具体的表现有：

（1）手臂放松且身体前倾；

（2）目光朝向发言人并表示热情和期待参与；

（3）认真地边思考边做记录；

（4）扬起眉毛并微笑；

（5）专注而且支持主持人的发言。

如果你自已能敏锐觉察到这些信号，就能利用这些积极的身体语言来估计一个或多个与会者何时已经做出决定，这能帮助你把握结束讨论或付诸表决的正确时机。

第四步，记录其他信号

1. 破坏性的信号

注意与会者不安定的信号，采取行动抑制破坏性的信号。例如，企图主宰讨论，或者性格内向者对发言的抗拒和反感等。

2. 离题的信号

讨论由公事转到私人感情、个人经历等话题，这都是即将离题的征兆，主持人可以技巧地提问发言离题者，他的发言究竟与讨论主题或会议目标有何关系。比如，“你刚刚提到的这个问题显然非常重要，但是它跟我们的会议目标及讨论主题似乎并没有太大关系。假如你不介意，我希望将它留待会后再详谈。”

3. 沉闷的信号

话题未讨论完，发言却越来越少。为此，试着向在场的与会者提一个开放性、有多个答案的问题，例如，“让我问一下在场的各位，在那种情况下你会怎么做?”同时，利用你对与会者的了解，选择一个表达能力强的人，而且可让充满自信的人来回答，以带动会场的气氛。

控制会议节奏

我们知道，会议是一种正式的沟通方式，也是最有效的沟通方式之一。然而，会议也是成本最高的一种沟通方式，是所有沟通方式中最厉害的“时间杀手”。在我们身边，这样的会议屡见不鲜：如会议主题不明确、会议拖拉、会议议而不决、会议决而不行等，严重浪费了时间和成本，极大地影响了会议效率。作为主持人，怎样提高会议的效益，让会议所花的时间和成本真正“物有所值”甚至“物超所值”？这就需要我们严格控制好会议的节奏。

1. 准时召开会议

很明显，会议延迟召开是对时间和成本的浪费，其实这样的会议在我们日常工作中非常常见。杜绝会议延迟召开的办法是：给会议迟到者适当的惩罚、时间一到即召开会议。

2. 尽量避免讨论与会议议题无关的内容

每次会议都已经计划好了需要讨论的会议议题。会议负责人或会议主持人需要注意控制并限制讨论本次会议没有计划的问题。否则一旦放开，则很难收回，结果不是该讨论的问题没有讨论到就是会议不得不拖延。

解决这一问题的有效办法是，一定控制住不讨论与本次会议无关的议题。如在会议上确实发现了很重要的问题需要开会讨论，则可以先记录下来，另行安排一次会议。

3. 约定与会者的发言时长

有些与会者发言时口若悬河，滔滔不绝，完全没有时间观念。

解决这一问题的有效办法是：会议正式召开之前就和与会者约定好发言的时长，让大家在发言之前都做到“心中有数”。

4. 及时提醒发言者

对于某些“健谈”者来说，仅仅约定好发言时长还远远不够，因为他们谈兴正浓时，根本就将时长约定抛到了“九霄云外”。如果不及时提醒发言者，他们则很可能会占用过多的会议时间，从而影响会议的效率。

解决这一问题的有效办法是：在与会者发言时长过半时提醒一次；到与会者发言时长还剩两到三分钟时再次提醒，以便让发言者利用剩余的时间总结自己的意见、建议和观点。

5. 会前与各位发言人沟通，明确发言时间，总体掌握会议时间，并安排好会间休息；

6. 收集各发言人员的发言材料，严格按会议议程发言，议程以外的内容不再会上发言；

7. 把会议议程发给每位参会者，让参会者对会议时间有个大致的了解，做好心理准备，减少疲惫心态。

准确控制会议的节奏是主持人的一个重要任务。始终要保证有一个议程且按照议程进行，并且既能让发言人有充分的时间讲述他们的论点，又不会使会议超过预定时间。

当你主持会议时，要提出准时开会这一点，并在预定开会时间之前抵达会议地点。若有些与会者迟到了，不等他们赶到就可以先开始。然而若一个关键的发言人迟到，等他到来再开始会议是可以接受的，或者改变议程顺序以免延误会议。如果延迟开会时间无法避免，一定要在会议记录中注明延迟的原因。不要浪费时间去为迟到者做扼要重述，而让他们在会议结束后，自己去弄清他们所遗漏的内容，除非他们需要信息以便迅速做出决定。

就完成会议所有议程来讲，对总的时间进行分配是很重要的。研究表明，大多数与会者注意力集中时段为开头 10 ~ 15 分钟，然后注意力下降，在会议结束时再次振作。45 分钟的开会时间较理想，可使思想不集中的时间最少。主持会议时，严格按照议程，每项议程都应有严格的时间限制，使会议轻松愉快地顺利进行。这样，就能在会议进程中建立并维持一种急迫感和动力。

主持人应当使每个与会者清楚地了解会议的目的，这很重要。不要让与会者偏离主题而浪费时间。如果讨论开始离题，可以讲“今天我们这里不讨论那件事，让我们回到主题”这样的话，把会议拉回到主要问题上来。总结争论之前，留足时间给与会者做一个简短的讨论，并且如果恰当，对会上提出的问题进行一次表决。

一个长会的议程中应当留有休息和吃点心的时间。这种休息有几个目的：让与会者以小组的形式讨论问题，这可能会有助于消除一些尴尬的争论；在特殊情况下为主持人提供一个有用的缓冲时间，用于延长或缩短一个会议；使身心放松一下。中间不休息的会议要获得最佳效果，开会时间不要超过 90 分钟。

会议掌控

主持人对场面的掌控通常体现在以下几种情况。

一、与会者发难以及与会者分心

主要原因

（1）对会议目标及讨论主题不清楚。

（2）对会议内容缺乏兴趣。感到沉闷无聊。

（3）会议中所涉及的某些问题或意见触发他们交谈。

（4）外界环境干扰。

预防措施

（1）澄清会议的目标与讨论的主题。

（2）令与会者感到会议有益及有趣。

（3）慎选会议时间及地点。

补救措施

（1）先假定他们的交谈与讨论中的主题有关，在其发言的过程中进行引导。

（2）作短暂的停顿，或稍作休息。

二、与会者发生争执

主要原因

（1）对会议目标或讨论主题不清楚。

（2）对会议过程中的某些问题，具有不同的看法或感受。

(3) 相互的宿怨或过节，利用会议发泄相互间的不满，相互挑衅。

预防措施

(1) 澄清会议的目标与讨论的主题，以避免离题的争论。

(2) 事先强调这样的观念："真正重要的是：什么是对的，而非谁是对的。"这个观念有助于避免题内的争论。

补救措施

(1) 如果争论是离题的，则立刻制止，并复述会议的目标与讨论的主题。

(2) 如果争论是在题内，则先强调"什么是对的"远比"谁是对的"更加重要，然后将注意力集中在论点本身，或者征求其他与会者的意见。如有必要，主持人应显示自己的个人观点或个人立场，转移双方的注意。

三、与会者拒绝参与

主要原因

(1) 怯场。

(2) 感觉气氛不对。

(3) 不喜欢主持人对待某些与会者或观点的态度。

(4) 认为会议不具实效。

预防措施

(1) 努力创造和谐的气氛。

(2) 避免表现个人的偏好。

补救措施

(1) 如果与会者因感到沉闷而拒绝参与，则主持人应鼓动其兴趣。

(2) 倘若与会者因怯场而拒绝参与，则主持人应设法排除这种心理障碍。

四、无人回应

主要原因

（1）与会者准备不足。

（2）该话题为重复讨论。

（3）有更权威或相关的核心人物在场。

预防措施

（1）确保与会者提前了解会议议题并做相应准备。

（2）避免影响大家发言的人物到场，比如总经理。

补救措施

（1）点名发言。

（2）通过眼神来鼓励参会者发言。

（3）开好会议的头，用一些小笑话或小游戏进行会前破冰。

五、少数人垄断会议

与冷场相反，个别参会者有时不停地高谈阔论，也会造成尴尬的局面。会议的大部分时间被个别的同事独自占去了，会议俨然成了他的个人专场，作为会议的主持人又应该怎么办呢?

主要原因

（1）多数人并不积极参与。

（2）少数人思考快速，善于表达，且对会议表现热忱。

（3）少数人好求表现。

预防措施

（1）会议之前做好平时发言不积极者的动员工作。

（2）如已知某人可能垄断会议，则事先与他疏通并请他节制。

（3）要求轮流发言。

补救措施

（1）巧妙地阻止。比如："我们已经领会你的意思了，让我们也听听其他与会者是否有别的看法，好不好?"避免直截了当地打断，因为回避问题可能会造成更加不好的结果。

（2）指派工作给喜欢垄断会议的人去做。

（3）故意将视线避开垄断者，以免令他误以为主持人仍想听取他的意见。

六、出现小范围讨论

主要原因

（1）个别重点员工提出的问题或观点过多地牵住主管或经理的注意力。

（2）管理者对某些问题置之不理。

（3）讨论开始离题，进入一些具体的业务范围。

预防措施

（1）充分考虑议题在参会人员中的共性。

（2）考虑出席者的均衡。

补救措施

（1）建议其他员工也就此发表意见，大家都参与讨论。

（2）重复议题，将讨论引导到正题。

（3）请其他参会者确认此问题有无共性。千万不要企图以更大的声音压倒小会的声音，这样只会得到适得其反的结果。

七、主持人自己离题

主要原因

（1）资料准备不充分。

(2) 与会者发言离题，导致主持人本身发言也离题。

预防措施

(1) 主持人本身应充分地准备资料。

(2) 主持人应随时考虑与会者的发言是否离题。

补救措施

(1) 主持人应鼓励与会者随时指出其离题的坏习惯。

(2) 主持人一发觉自己离题，应立即向与会者致歉并改正。

维持秩序

一场会议能否成功举行，很大程度上取决于会场秩序。程序混乱，兴趣各异，甚至故意捣乱，会导致会议秩序发生问题。作为主持人你必须保证会议有序进行，如果发生争吵，要使之恢复平静。我们通常所说的会议的秩序包括会议出勤、会场纪律和会议秩序三个方面。

一、会议出勤

（1）提前制定迟到、早退的判定标准和惩罚措施，并指定专人负责。

（2）提前明确会议过程中能否暂时离开会场，离开会场的请假程序等，并制定相应的惩罚措施。

（3）严格执行，会议组织者及管理层以身作则，如有违反，带头承认错误。

主持人应配合会议组织者进行会议出勤的管理，因为良好的出勤是会议成功的前提，会议开始与结束之前，适当的提醒可以起到很好的预防作用。

二、会场纪律

如果是参会人数较多的非例行会议，提前了解相关会议的纪律要求，最好打印出来。在会议开始的时候，应正式宣布会场纪律，比如：

（1）尊重他人的发言，不得大声喧哗。

（2）会议过程中请佩戴参会证，以便工作人员提供服务。

（3）请关闭手机或将其设置为振动/静音状态。

（4）请勿私下交谈、进食或者嚼口香糖。

（5）请勿在会上吸烟。

三、会议秩序

1. 出现混乱

当正式会议的严密程序被破坏时，便会出现混乱。不按照次序讲话是一种常见的混乱。倘若出现这种情况，你应当设法停止这种争论。直视讲话的人，邀请他们给大家谈谈他们的想法。如果这还不能使他们安静下来，采用纪律程序，严重时甚至驱逐他们。

解决办法：使会议平静下来。

若双方的讨论过于激烈，就站起来重新控制局面并使他们镇静下来。你站着，高高在上的位置会使你显示出更大的权威性。使用一种平静的有分寸的语调。（伸出双手的姿势是一种请求安静的表示；目光与主要的对抗者直接接触。）

当辩论趋于白热化时，不加思考的针对个人的评论往往会成为火药库，导致摩擦和争论进一步加剧。将讨论引回主题并避免个人因素的卷入，通过调解来消除导火线，以平息争论。

2. 借口推托

当谈及一项未完成的工作时，与会者会找借口，如“我忘了”“这不是我的责任”。

解决办法：在这位与会者的同事们面前提醒他，希望他以后完成此项工作。或者约请某人监督这位与会者，并保证他完成此项工作。又或者通过揭露他的策略来孤立他。

在极端情况下，可以将发难者逐出会场。

3. 对抗

与会者对会议中所提出的观点会采取一种不必要的消极态度和敌对态度，并挑起争论。

解决办法：以会议目的和达成一致的需要来提醒反对者。注意说话紧扣事实，鼓励与会者以平静的态度进行讨论。在不损害反对者的情况下，适当引入幽默的语言缓和局面。

4. 严重混乱

与会者开始骂人，不守规则，甚至进行打人。

解决办法：正式要求大家遵守秩序，并要求该与会者离开。同时把与会者中的大多数争取到自己一边，孤立会议中的扰乱者。如问题严重，请果断休会，直到恢复秩序。

另外，主持人从一开始就应紧紧控制会议，以建立其权威，减少麻烦。

推进决议流程

主持人有责任建立和维护一个解决问题的会议运作框架。一方面，采用制定好的程序可以帮助一个会议按某种规格达到其目的；另一方面，合理运用这些程序和框架，将帮助你更好地掌握会议。

会议操作顺序大致有：

(1) 会议开始；

(2) 批准以前的备忘录；

(3) 处理常规事宜；

(4) 提出议案；

(5) 处理动议；

(6) 通过决议；

(7) 会议结束。

如果是需要通过决议的会议，在正式会议开始之前，主持人应当检查到会人数，使到会人数满足以下条件：

(1) 向全体必须出席者发出完整且适当的通知；

(2) 有法定人数（符合要求的最少的人数）出席；

(3) 在会议规定的开始时间前的一段时间内确保你和达到法定人数的与会者到达会议场所。

如果这些规定中有任何一条未能做到，主持人有权将会议改在另外的时间和地点召开。

满足了以上条件后，会议便可以进入预定的程序。

一、批准上次会议的备忘录

这是常规会议的首要任务之一。主持人将要求在座的与会者举手表决，确保每个人都同意，或者绝大多数人同意后，将决定记录下来。

二、处理常规事宜

如果是例行会议，主持人将花一部分时间来处理常规事宜，比如回顾公司的财务状况，提出议程上的每一项常规事宜，并在下一个议程之前取得与会者的同意。

三、提出动议

在正式会议中通过动议（要求做某事的陈述）来处理非常规事宜。为了提高效率，在会议开始之前，就将动议提交给与会者，并与部分与会者协商，争取得到支持。

四、修改动议

如果某项动议需要修改，在会议上提出该动议的修正案，发起讨论并批准它，然后讨论这个修正过的动议。如果是正式会议，修正案应在会前预先通知并正式提出，但如果是不太正式的会议，可以在辩论时再提出。

五、处理动议

牢牢控制会议进程，按议程上的顺序处理动议，引导辩论并鼓励全体出席者参加讨论。如果主持人预先没有时间提出动议，在某些情况下你有权在重要问题上提出紧急动议。但是，如果并未获得全体与会者的一致同意，主持人不能从会议的议程上撤销任何一个动议。

一个动议经过充分讨论后，主持人就可以对其发起投票表决。但需要注意的是，动议处理过程避免过于拘泥形式，因为这样会妨碍自由讨论。

六、通过决议

对一个动议进行投票表决，并根据规则判断投票结果，其结果将成为一个决议（将要采取行动的书面指示）。作为主持人，如果一个提案在辩论时双方势均力敌，不论哪一方的票数都不占有绝大多数时，该项提案将被视为未通过，主持人应当提议改期再议，或者设立投票箱，在会议最后计票，于日后公布结果。

七、任命小组委员会／结束

如果是大型的项目或者是复杂的动议，主持人可以任命小组委员会来负责那些需要特殊考虑的问题。明确小组委员会的任务，最好能向他们提供一份清晰的书面报告，并向他们做详尽的解释。同时，提议并征求与会者意见，把复杂问题交给工作小组，要求日后提交报告。

决议通过，或者已经完成小组委员会的任命，主持人有权决定会议何时结束。

结束会议

大部分会议议程的最后议项是其他事宜，这就为与会者提供了一个机会，提出会前未曾预料到的问题，如在讨论中引出的一些观点。与会者有时策略性的应用“其他事宜”向会议提出有争议的问题，或引入惊人的或未曾预料到的项目。作为主持人你必须决定是否允许这么做。你可以允许讨论，也可以就提出的问题进行表决，还可以将这个问题列入下次会议的议程，以便在做出决定之前能够进行充分的讨论。

在你正式结束会议之前，必须提出一份作为会议结束的动议。当这份动议得到赞同且即将表决时，要求赞成动议的人举手表决。你可以再让反对动议的人举手，这有助于你了解哪些人希望延长会议以继续讨论（例如，因为他们不同意会议中达成的某项特殊决定）。作为主持人你不必让每一个要发言的人讲话，也不必让发言者讲得太久。在会议正式结束之前允许讨论多久，这都由你自行处理。

当议程上的全部事项均已讨论过，并一致同意采取必要的行动时，主持人该履行其结束会议的职责了。确保全部决定均被正确记录，并且所有后续程序均在动议中立项。

一旦会议讨论完所有事项，就扼要说明所做出的每一项决议，并总结与之相关的讨论。你可以根据你的判断，通过给予讨论的每个事项不同的重要性来平衡会议。例如，若议程上最不重要的事项引起了最长的、最激烈的争论，那么在你的总结中少提一些，以表示你对其重要性的看法。在总结中也要突出在以后会议要求进一步讨论的问题。

在所有的议案讨论完毕时，或是在预定的会议终止时间来临时，主持人应适时地结束会议。然而，在日常生活中的大部分会议的结束却是不恰当的，我们常常听到会议的主持或领导这样说：“时间差不多了，如果诸位再没有其他问题，我们就此打住。……好！散会。”诸如此类。

这种会议的结束方式有很大的缺陷。首先，倘若与会者临时再提出问题，则可能会耽搁时间而使会议无法按原定的时间结束。其次，主持人的说辞给人的印象只是他已机械式地完成了一件分内的事，而这件事对他来说好像并不重要。与会者因为有了这个印象，所以他们在离开会场之际，并不觉得这场会议有什么收获。

为了避免以上两种缺陷，主持人应该在结束会议之前的几分钟，为整场会议做总结。在任何一场会议里，令与会者印象最深刻的，便是会议结束前几分钟所听到的话语。

因此，主持人应该善用这几分钟。主持人的总结最好能够涵盖下列四项：

（1）复述这次会议的目标。

（2）总结这次会议所取得的成果。

（3）多谢与会者参与（或在适当场合下，感谢他们的贡献或关注）。

（4）必要的时候，宣布下一次会议的目标、时间及地点。

在上述总结性的陈述之后，与会者在离开会场之际，才会真正领受到成就感或贡献感。总结会议后，决定是否必须再次开会，若需要，确定日期和时间。可以在传阅新的议程时确定这些细节与开会地点。这次会议现在可以结束，这时你应当感谢全体与会者的出席，尤其是他们自愿为此付出时间。这是一般的礼貌，但也用于鼓励出席并积极参与下次会议。

会议结束，主持人的职责并未终止，进一步的责任包括：批准备忘录；确保会议秘书追踪并监督经会议同意要采取的行动；接受会议秘书递交的有关执行会议决定的进度报告，若必要，将进度告诉与会者；鼓励与会者预先提交下次会议上他们希望讨论的事项，决定下次会议的议程，包括上次会议讨论期间出现的一些事项，或上次会议中遗漏或未全面涉及的事项。

具体从以下几点进行分析。

(1) 评估刚刚结束的会议，以作为改进未来会议的参考。主持人在每一次会议结束后，都应该花几分钟时间，针对会议是否具实效而做自我评估。但是为了避免受主观意识所蒙蔽，主持人可以偶尔在会议结束后以不记名式的问卷，让与会者评估会议的成败；甚至主持人也可以邀请观察员列席，以便对会议的成果做评估。尽管主持人本人、与会者及观察员三方面的单独评估可能均含某一程度偏见，但三方面的综合评估则颇为中肯。因此，我们希望经常有机会充当会议主持人的人，能为自己所主持的会议做上述三方面的综合评估。

(2) 责成有关人员整理会议记录。会议记录至少具有三种功能：充作征信工具；充作会议中决议事项追踪依据；充作组织内部沟通信息的文件。为了令会议记录能充分地发挥上述的功能，记录者应该在会议结束后 24 小时之内——或最迟 48 小时之内，整理妥善并送有关人员。会议记录如能在这样的时限内送出，将可产生以下三种好处：

①如会议记录在内容上有商榷余地，则可即时改正，因为与会者在这个时候对会议经过仍然记忆犹新。

②会议中如有后续的工作有待与会者办理，则会议记录可以

发挥提醒及跟催作用。

③既然会议记录能够在一两天之内送达有关人员手中，主持人可以借此让只需要知道会议结果的那些人免于参加会议。

（3）主持人应适时追踪会议中决议事项的执行状况，以免“决而不行、行而无效”；适时解散已完成任务的委员会或工作小组，以免它们无中生有地找理由开会。

主持能力自测

一个理想的会议主持人，其素质要求是很高的，并非人人都可以做。在大型正式会议上发生的问题与小型正式会议上出现的问题是很不一样的。作为会议主持人，你需要解决问题并保证遵守会议议程从而使会议可以顺利进行下去。因此，灵活应变的能力对于主持人来讲就尤为重要。在日常的会议中总是会有一些不可预料的事情发生，这时就需要主持人随机应变，用语言、表情或动作予以化解，避免在会议中造成尴尬局面。

下面，我们就进行一个小测试，来看看我们自身是否具备一个会议主持人的基本素质。

回答下列各题，标出最接近你情况的选项，评估你作为会议主持人表现得如何。你要尽可能地实事求是：若你的回答是“从不”，则选 1；若是“总是”，则选 4，以此类推。将你的得分加起来，参考“分析”部分，看你得多少分。利用你的答案来找出最需要改进的方面。

选项：1 从不；2 有时；3 常常；4 总是。

（1）每次我都让会议准时开始。1 2 3 4

（2）我确保与会者都能理解上次会议的备忘录。1 2 3 4

（3）每次会议我都按照经批准的议程进行。1 2 3 4

（4）我给全体与会者解释清楚每次会议的目的。1 2 3 4

（5）我允许大家畅所欲言。1 2 3 4

(6) 我了解每个与会者的动机和潜在目的。1 2 3 4

(7) 我确保在每次会议中全体与会者都积极投入。1 2 3 4

(8) 我确保自己为每次会议都做了充分的准备。1 2 3 4

(9) 每次正式会议开始前我都会参阅会议程序指南。1 2 3 4

(10) 我确保每次会议的备忘录全面而正确。1 2 3 4

(11) 我确保与会者了解下次会议之前所要采取的行动。1 2 3 4

(12) 我确保与会者知道下次会议的时间和地点。1 2 3 4

分析：现在你做完了自我评估，将你的全部得分加起来，阅读对应的评价，看看你的表现。无论你主持会议的水平如何，重要的是要记住总有改进的余地。找出你最薄弱的方面，并参考书中的有关章节，找到实用的指导与提示，来磨炼主持会议的技巧。

12 ~24 分：

你当会议主持人的技巧需要大大改进。重新考虑你是如何担当这个角色的，并采取行动。

25 ~36 分：

你有一定的能力，但必须集中改进你的弱点。

37 ~48 分：

你主持的会议应能顺利进行。但是每次会议各异，所以要不断地做好准备。

(注：以上测试摘自《会议管理》一书。)

附录一

通用会议工具

会议工具能够有效地管理会议信息、规范会议进程，帮助与会者理清会议的人、事关系。当前的很多工具都已经具备成熟的功能，能够实现我们对会议的各种想象。作为会议的组织者和管理者，掌握一些通用的会议工具已成为大势所趋。

鱼骨图

在会议中，我们所讨论问题的特性总是受到一些因素的影响，我们通过头脑风暴找出这些因素，并将它们及其特性按相互的关联性整理成层次分明、条理清楚的图形或表格。这时，鱼骨图就是简单而且实用的选择。

鱼骨图是工作中常用的工具，是由日本管理大师石川馨先生所发展出来的，故又名石川图。因其形状如鱼骨，所以又叫鱼骨图，它是一种透过现象看本质的分析方法。在会议的应用中，鱼骨图最适合于头脑风暴型的会议。

会议中我们既可以使用白板、白纸等传统工具，将图画到白板或白纸上，又可以利用现有的鱼骨图软件（如绿环鱼骨图绘制大师），通过投影仪使用。

鱼骨图有三种类型，分别是：整理问题型鱼骨图（各要素与特性值间不存在原因关系，而是结构构成关系）；原因型鱼骨图（鱼头在右，特性值通常以"为什么……"来写）；对策型鱼骨图（鱼头在左，特性值通常以"如何提高/改善……"来写）。

鱼骨图操作指南

岗位明晰鱼骨图分析有以下四个步骤。

Ⅰ.列出议题 → Ⅱ.给议题分列要点（具体要解决的几大问题） → Ⅲ.每个问题的解决方法 → Ⅳ.每个解决方法的负责人和工作步骤

步骤Ⅰ

简要明确表述议题。

步骤Ⅱ

通过头脑风暴讨论议题要点，如树形图一样，依次向下分到第四级目录，并绘制成鱼骨图。

鱼骨图的分解方法：一根树由 4 个主要结构组成，分别为根（Roots）、树干（Stem）、树枝（Branches）和树叶（Leaves）。与此类似，鱼骨图含有一级目录，二级目录，三级目录和四级目录。具体表现形式见下图：

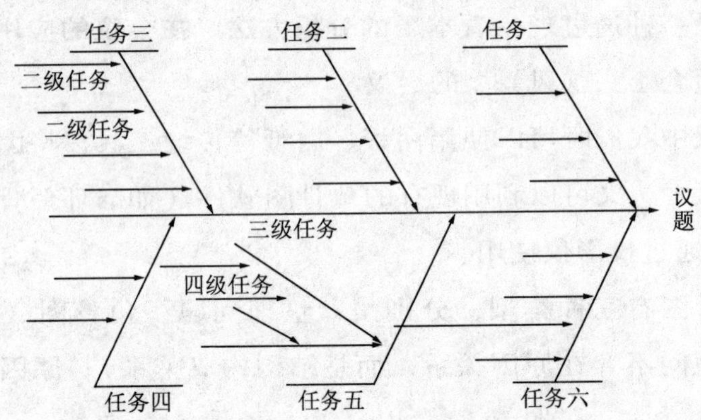

这一步要求绘制的人有较强的理解和分类、归纳能力，将与会人员的意见分类往鱼骨图上填。

接下来的两步为会后实施的步骤。

步骤Ⅲ

根据鱼骨图分析，汇总所得各个末端的信息，制作成岗位工作任务清单，如下表所示：

第一级目录	第二级目录	第三级目录	第四级目录
			F_{1111}
			F_{1112}
	F_{11}	…	
F_1	F_{12}	…	
			…
	F_{1a}	…	
F_2	F_{21}	…	…
	F_{2b}	…	…
F_n		…	…
	F_{nm}	…	F_{nmij}

步骤Ⅳ

按轻重缓急再分四类，把最重要又紧急的十二到十五点作为岗位的管理质量控制点。四级目录有很长一列，把四级目录单独切下来，变成一个清单。

接下来继续把这些工作做进一步处理，按照轻重缓急可以分成四类（见下图），集中精力去解决重要、紧急的工作。

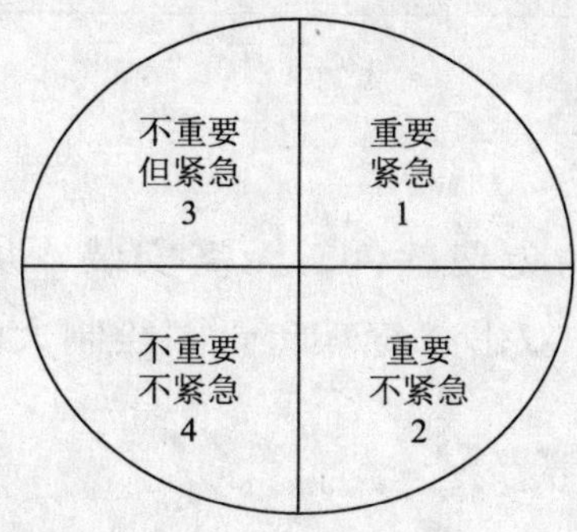

好了，接下来就把这些信息汇总到会议记录或会后的相关报告里，报至上级审批，然后下发其他与会者。

附：绿环鱼骨绘制大师使用说明

- 绿环鱼骨图绘制大师特点

采用“所见即所得”的方法绘制“鱼骨图”。

操作简单、方便、灵活，用鼠标在绘图区中拖拉几下，立即绘制出一个专业的“鱼骨图”。

修改方便，拖动主干或某个分支时，该主干或分支下的小分支会跟随移动。

可以自由设置“鱼骨图”图片输出大小。

可以将“鱼骨图”导出为bmp格式文件和jpg格式文件。

- 程序运行界面

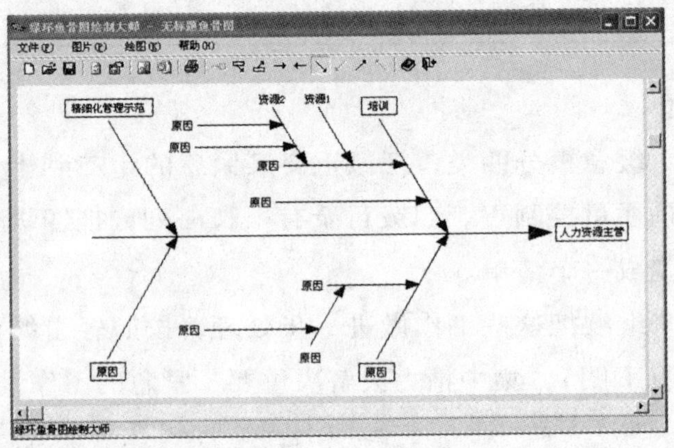

- 软件使用方法

□ 系统登录

这是一套绿色的免费软件，无需安装，从网络下载下来以后，可以直接使用，双击“绿环鱼骨图绘制大师”图标就可以直接进入编辑状态。

□ 界面介绍

系统主界面上方是功能菜单，分别是文件、图片、绘图、帮助。

"文件"菜单

此菜单下有：新建（表示新建立鱼骨图文件）、打开（打开旧鱼骨图文件）、保存（保存编辑好的鱼骨图文件）、另存为（重命名并将鱼骨图文件保存至其他地址）、退出（退出绿环鱼骨图绘制大师系统）五个子菜单。

"图片"菜单

菜单下有：属性、导出 bmp 格式文件、导出 jpg 格式文件、打印、刷新五个子菜单。属性子菜单可以调整鱼骨图的尺寸大小；鱼骨图制作完毕后，我们可以根据实际需要，把鱼骨图文件的格式导出为 bmp 格式文件或者 jpg 格式文件。如果你的电脑连接了打印机，那么单击打印子菜单项，可以进入打印设置页面，单击确定即可完成打印。刷新子菜单是使新设置生效，具有图片重置功能。

"绘图"菜单

鱼骨图绘制的操作包括鱼脊骨、上主因、下主因、左侧原因、右侧原因、左上侧原因、右上侧原因、左下侧原因、右下侧原因。它们也显示在快捷菜单栏里，如下图所示。

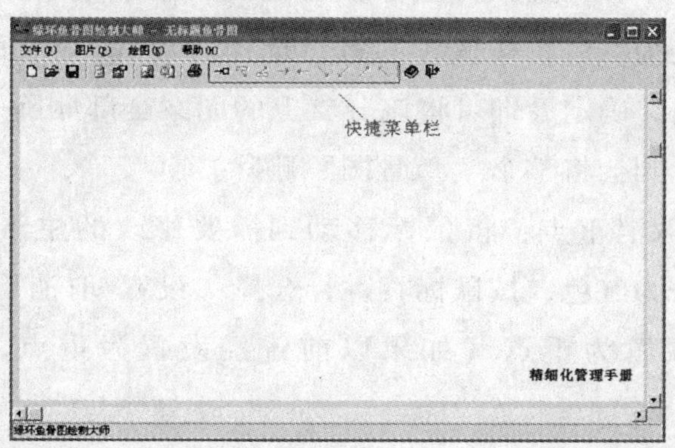

"帮助"菜单

使用手册和软件版本介绍，如果在使用该软件时有何疑问，你可以试试看能否在这里找到答案。

- 操作方法介绍

主干和分支的绘制：在工具栏上选择相应的图标，在绘图区中按住鼠标左键不放，拖动鼠标，绘图区即会出现相应图案，当图案合适后，松开左键，完成主干或分支的绘制。

调整主干和分支的大小：将鼠标移动到需要修改的主干或分支末端上，此时出现一个蓝色小圆点，鼠标变为左右箭头形状，按下鼠标左键，左右或上下移动鼠标，即可调整主干或分支的大小。

修改“结果”“原因”文字：将鼠标移动到需要修改的主干或分支上，当图案变为红色时，双击鼠标，弹出对话框，输入相应的文字即可。

移动主干和分支的位置：将鼠标移动到需要修改的主干或分支上，此时图案变为红色，鼠标变为移动形状，按住鼠标左键不放，拖动鼠标，则与之相关连的图案会跟随鼠标移动，当移动到合适位置，松开鼠标，如果位置合适，图案会固定下来，如果位置不合适，图案会变回移动前的位置。

删除主干和分支：将鼠标移动到需要修改的主干或分支上，此时图案变为红色，按鼠标右键，选择“删除”，会弹出确定是否删除窗口，确定后即可将该分支上的图案全部删除（如果选择的是主干，则会将整个“鱼骨图”删除）。

设置/取消重点：将鼠标移动到需要修改的主干或分支上，此时图案变为红色，按鼠标右键，选择“设置/取消重点”，即可将该原因设置为重点（如果以前曾经设置为重点，则为取消重点）。

调整“鱼骨图”尺寸大小：单击工具栏上“图标”（或选择菜单栏中的图片—属性），在弹出的属性窗口中填入“鱼骨图”的宽度和高度（单位为“像素”）。

- 提示

绿环鱼骨图绘制大师软件是绘制鱼骨图的专业软件，但是如果您更习惯使用其他工具软件绘制鱼骨图，或者公司对软件安装有限制，请按照您的习惯绘制。

思维导图

思维导图最初由英国的托尼·巴赞发明，最开始是一种创新性的笔记方法。思维导图和传统的直线记录方法完全不同。它看上去就像一个人的神经网络图。通过使用“思维导图”，人们不再被动地设法记下发言人的每句话和看一串长长的句子，而是积极地对关键字进行加工、分析和整理，并和演讲者积极地对话。

现在思维导图已经成为工作与学习当中广泛应用的一种思维辅助工具，它不仅可以用于做笔记，也被许多企业用来做计划和制定市场营销的战略，还可以进行会议的组织和管理。

举个典型的例子：据报道，波音公司在设计波音 747 飞机的时候就使用了思维导图。根据波音公司的介绍，如果使用普通的方法，设计波音 747 这样一个大型的项目要花费 6 年的时间。但是，通过使用思维导图，他们的工程师只使用了 6 个月的时间就完成了波音 747 的设计！

绘制思维导图可以用传统的纸和笔，也可以利用相关的软件，随着计算机软件技术的发展，思维导图的应用软件也越来越多，在介绍软件之前，先来学一下徒手画思维导图。

第一步，把主题画在纸的中央

主题可以用关键字和图像来表示。所谓关键字，是表达核心意思的字或词。可以是名词或动词。关键字应该是具体的、有意义的。这样，有助于我们进行回忆。

第二步，考虑“次主题”，也就是在上一层主题下的延伸

在使用“次主题”后，就要罗列更为细节的要点了。这个时候要注意的是，不要追求一定的顺序或结构来罗列要点，只需要将发言人的观点尽可能自然地用关键字表达出来，并把它和相关的“次主题”连接起来。

当然，如果你希望把这些要求用一定顺序表现出来的话，你可以在完成思维导图后，再用阿拉伯数字把它们标记出来。

第三步，讨论完毕，与前面提到的鱼骨图一样，转化成文字汇总到会议记录或报告里

开会的时候从参会人员中选出一人（通常是会议的组织者或秘书），把整个讨论在白板上用思维导图的形式画出来。对于每一项新的主张，或者新的观点，由组织者或参会者决定应该加在哪一个分支的下面。

这样做的好处是：使每个观点都可以在图上根据它的位置而判断出其重要性。其次，大家可以明显地看出会议正在向哪个方向发展。这样，可以鼓励参会者把注意力集中在主题上而避免跑题。

明白了徒手绘制的步骤后，我们再了解一些相关的软件。

- **XMind**

XMind是一款顶级商业品质的思维导图（**mindmap**）和头脑风暴（**brainstorm**）软件。它采用**Java**语言开发，基于**Eclipse RCP**体系结构，可以运行于**Windows/Mac/Linux**平台。在**Windows**下的安装包为**14MB**，安装后为**27MB**，体积小巧。是一款国产的商业化开源版本；功能丰富且美观。

XMind的界面美观，绘制出的思维导图也比较精美，功能也更加丰富。加上它兼容**FreeMind**和**MindManager**数据格式，并且不仅可以绘制思维导图，还能绘制鱼骨图、二维图、树形图、逻辑图、组织结构图。

- **FreeMind**

FreeMind 是一款跨平台的、基于 **GPL** 协议的免费软件，用 **Java** 编写，是一个用来绘制思维导图的软件。其产生的文件格式后缀为 **. mm** 。可用来做笔记，脑图记录，脑力激荡等。

FreeMind 创造了快捷的一键展开和关闭节点，但其缺陷在于无法进行多个思维中心点展开，而且部分中文输入法无法在 **FreeMind** 输入。

- **Mindmanager**

Mindmanager 由美国 **Mindjet** 公司开发，界面可视化，有着直观、友好的用户界面和丰富的功能，可使使用者有序地组织思维、资源和项目进程，同时它是高效的项目管理软件，能很好地提高项目组的工作效率和小组成员之间的协作性。

Mindmanager 与同类思维导图软件相比的最大的优势就是与 **Microsoft** 软件无缝集成，快速将数据导入或导出到 **Microsoft Word**，**PowerPoint**，**Excel**，**Outlook**，**Project** 和 **Visio** 中，使之在职场中有极高的使用人群，也受到越来越多职场人士的青睐。

Office Visio

Visio 是微软 **Office** 旗下的一款专业办公绘图软件，具有简单性与便捷性等关键特性。它能够帮助用户将自己的思想、设计与最终产品演变成形象化的图像进行传播，同时还可以帮助用户制作出富含信息和吸引力的图标、绘图及模型。从而使文档的内容更加丰富、更容易克服文字描述与技术上的障碍，让文档变得更加简洁、易于阅读与理解。

用户可以使用 **Visio 2007** 来制作组织结构图、生产流程图等其他企业模型或流程图。通过企业管理可以调动员工的潜能与积极性，同时也可以使企业财务清晰、资本结构更加合理。不过，由于其功能强大和使用复杂，在会议的应用上，通常需要前期进行基本的绘图和元素的准备。

Visio 现已经发行了多个版本，现以 **Visio 2007** 版为例，简单介绍 **Visio** 的使用方法：

第一步，启用 Visio 2007

启用 **Visio 2007** 后，系统会自动显示“入门”窗口。其中，使用“模板类别”任务窗格中的相应模板类型，在“特色模板”列表框中选择具体的模板，然后单击“创建”按钮，即可创建带有模具的绘图页，如下图所示：

其中“模板类别”任务窗格中主要包括以下模板类型。

（1） 大模板预览：每个模板的缩略图预览和描述，有助于快

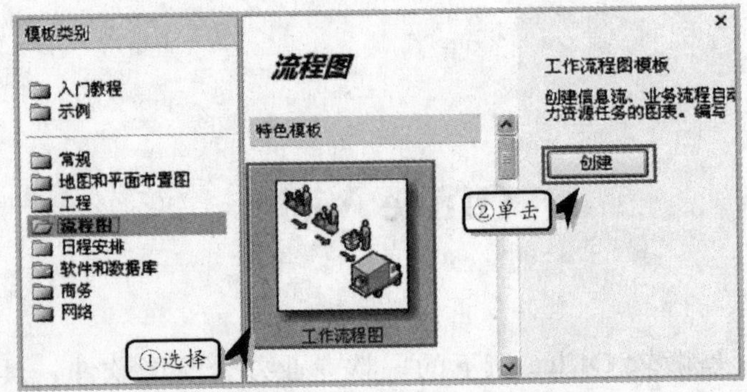

速识别最适合的图表模板。

（2）所有模板/特色模板/其他模板：最常用的 **Visio** 模板，分别显示在“所有模板”“特色模板”和“其他模板”列表框中。

最近打开的 **Visio** 文档包含一个用于打开最近使用过的模板的快捷方式，以便快速查找所需的模板。

第二步，创建图表

在 **Visio 2007** 中，用户单击“格式”工具栏中的“主题”按钮，在弹出的“主题”任务窗格中选择主题样式即可。这样便使用户不必单独设置颜色和效果，只需应用一种主题颜色或主题效果样式，即可为图表赋予专业的外观。

“主题”任务窗格中主要包括主题颜色与主题效果两类主题样式。其中，主题样式功能是通过对字体、填充、阴影、线条或连接线应用统一的格式，使图表的外观具有统一性，从而增加图表的吸引力，详见下图。

另外，用户还可以使用 **Visio 2007** 中新增加的模板和形状，使图表更具有专业性。例如，使用数据透视关系图、价值流图、**ITIL**（信息技术基础设施库）等模板，来快速创建范围更广的图表。同时，用户还可以通过使用工作流程图模板中的新工作流形状，来创建更多的动态工作流程图。

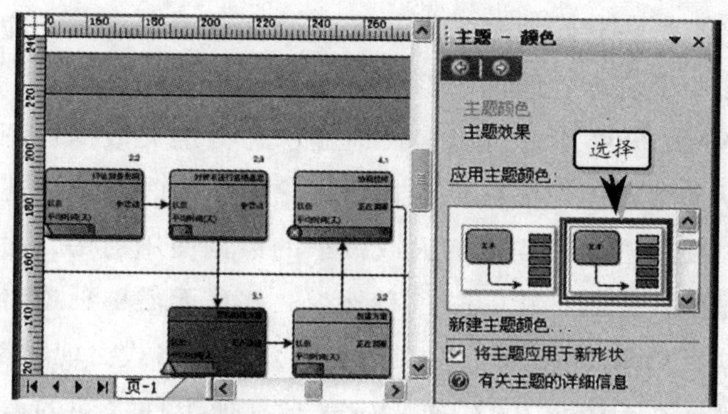

第三步，自动连接形状

使用 **Visio 2007** 中新增的“自动连接”功能，用户只需单击，即可自动连接、均匀分布并准确地对齐形状，详见下图：

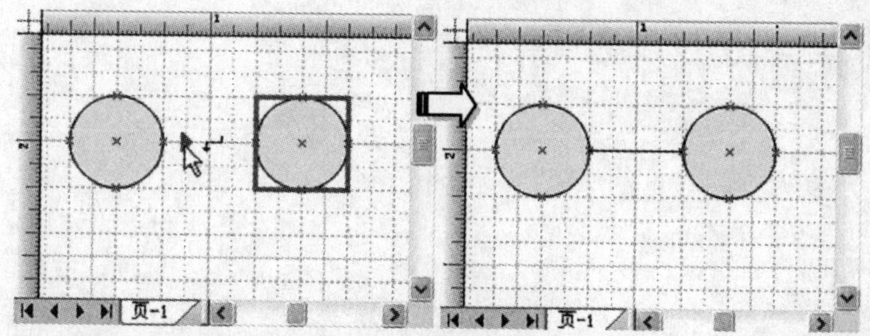

自动连接形状主要包括下列几种类型。

（**1**）拖放形状的同时连接形状，当指针停留在绘图页中的形状上时，在形状周围会出现蓝色箭头。

（**2**）当拖动另一个形状到其中一个蓝色连接箭头上时，**Visio 2007** 会自动连接这两个形状，并均匀地分布、对齐它们。

（**3**）单击模具上的“形状”后连接形状。在“形状”任务窗格中选择一个形状，将指针停留在绘图页中的一个形状上，然后单击要连接的目标形状一侧的蓝色连接箭头。**Visio 2007** 会自动添加和连接形状。

（**4**）如果需要连接绘图页上已存在的形状，用户只需单击与要连接的目标形状距离最近的形状上的蓝色连接箭头，即可自动连接绘图页上已存在的两个形状。

在 **Visio 2007** 中还可以轻松地显示和自定义数据在图表中的外观，从而帮助用户更好地传递数据信息。同时，用户还可以对可变数据使用进度栏，对增大或减小的数据使用箭头，对分级数据使用星号，控制形状的颜色和外观，并且无需单独或专门设置任何格式，**Visio 2007** 会自动处理格式及指定格式出现的条件。

另外，在 **Office 2007** 中，**Visio** 与其他组件之间的联系更为密切。用户不仅可以在 **Word** 中直接编辑插入到文档中的 **Visio** 图表，而且还可以直接在 **Microsoft Windows SharePoint Services** 网站和 **Microsoft Office Project 2007** 中生成数据透视关系图形式的可视报表，从而以新的方式与同事协作，使不具备 **Visio** 软件的同事也能共享与查看 **Visio** 图表。

附录二

实操案例

××公司会议效果评估

目的：分析会议的必要性及其浪费、拖延的原因，寻求相应的解决办法。

参见如下评估表。

××公司会议评估表

姓名：　　日期：　年　月　日

日期	会议议程	计划用时	实际用时	原因分析	会议必要性评估			
					必须	目的明确	目的不明确	可不开

三星会议的三原则

韩国三星集团曾经出过一本书——《开会就要学三星》。这本书中提到三星有三个最基本的会议原则：

第一个原则：周三不开会。对于许多公司而言，开会一般是不会考虑哪天不宜开会的。而在三星，则确定了周三不开会。因为这一天，无论是员工的工作状态还是业务，都是处于最高潮的时候，一定要抓住这个良好的状态服务于工作。

第二个原则：会议时长 1 小时，最多不超过 1.5 小时。召开会议时，三星还会将一个定量为一小时的沙漏，放置在会议室中，为严格遵守时间施加了无形的压力。而三星这么做，也是有充分科学依据的，专家称：一个成年人集中精力的时间，不超过两个小时。

同时，为了避免闲谈或因无关的事浪费会议时间，三星还采用了可使效率提高两倍的站立式会议形式。因为，据说人的大脑活动最活跃的时间是在站立的状态下，并且是确定好了结束时间的时候。

第三个原则，将会议内容整理成一张纸。有时只要一说会议结束了，至于谈了什么、结果是什么、必须实施的内容就记不清楚了。因此，三星规定：会议内容要由专人整理好，发给参会者和相关人员，同时，这份记录一定要是内容简洁的一张纸。

为了开会这样的“小事”，三星竟然出了整整一本书，这正反映了三星的文化，对会议的重视也许是管理优质的一个体现，也许正是支撑管理的一个重要部分。

××公司2011年春季新产品发布会

一、会议目的（略）

二、会议主题（略）

三、会议时间（略）

四、会议地点（略）

五、会议主持（略）

六、会议议题（见下表）

序号	时间		议题	演讲人
1				
2				
3				
4				
5				
6				
7				
8				
9				
10				
11				
12				
13				
14				
15				

续表

序号	时间		议题		演讲人
16					
17					
18					
19					
20					
21					
22					
23					
25					
26					
27					
28					
29					
30			答谢晚宴		
31					

七、参会人员清单

公司名称	姓名	性别	部门和职务	行程安排	备注
人数合计					

八、会议分工

小组	会务职能	成员组成	具体工作事项	时间进度要求	备注
指挥部					
外联组					
会务组					
资料组					
物料组					
现场组					
晚宴筹备组					

续表

小组	会务职能	成员组成	具体工作事项	时间进度要求	备注
外协部分					

九、会务具体执行方案清单

执行方案文件名称	初稿提交	终稿提交	编制与执行	关联执行
《文件清单》				
《物料清单》				
…				

十、附件——部分具体执行方案

附件（一）文件清单

文件名和文件形式	用途	责任人	初稿提交	终稿确定	备注
主词人串词（Word）					
总经理欢迎致辞（Word）					
总经理答谢致辞（Word）					
公司产品体系介绍（PPT）					
公司销售政策（PPT）					
…					
备注：					
备注：					
备注：					

附件（二）物料清单

物料名称	数量	用途	责任人	取得方式	到位期限	备注
备注：						
备注：						

附件（三）经销商接站安排表

接站地点	接车车型牌号	预计抵达及返程时间	随车责任人/手机	客户姓名	性别	电话	预计到达	车次或航班号
具体内容（略）								

后 记

会议的主要目的就是解决问题，但由于开会技巧不佳或过于频繁，会议不但无益于解决问题，反而使问题愈趋复杂。频繁的会议与主管层的随意决策，常常是员工的梦魇；员工花费太多时间在无效率的会议上，不仅浪费公司成本，也造成了工作效率低下……

会议管理是个很大的话题，涉及公司管理及文化的很多方面，而且会议类型也多种多样，不能一概而论，一本书的内容更不能面面俱到。

在此，希望本书的整理能够对各位会议管理者以及参与者有所帮助，起到抛砖引玉的作用，引起大家对会议管理更加深入的思考，让大家从低效的会议中解放出来，提高企业决策的效率、执行的效率，促进整个企业文化的健康发展。

历时一年，很高兴这本书终于成稿了，在本书的写作过程中，得到了崔紫媛、仲丽伟、鞠春芳等同仁的帮助，在此深表谢意。